편 집 자 처 럼

# 책을 보고
## 책을 쓰다

차별화된 기획을 위한 편집자들의 책 관찰법

편 집 자 처 럼

# 책을 보고
# 책을 쓰다

박보영·김효선

예미

# 책을 쓰고 싶은 당신께,
# '오늘부터 할 일'을 알려 드립니다

"정말로 책을 쓰고 싶거든요. 근데 무엇부터 해야 할지 모르겠어요."

편집자로 일하면서 예비저자들을 만날 때마다 반복해서 들은 말이다. 이 말들이 차곡차곡 쌓이면서 고민이 시작됐다.

생각해 봤다. 새로운 책을 기획할 때 나는 무엇부터 하지?

편집자로서 가장 중요하게 생각하는 일은 시장에 나와 있는 책들을 살펴보는 것이다. 이미 출간된 책들을 통해 불특정 다수의 대중이 가진 필요와 욕구를 알아보고, 다른 저자들이 자신의 콘텐츠를 어떻게 정리해 냈는지 관찰한다. 이러한 정보들에 내가 만난 저자의 특징과 강점을 대입하여 어떤 기획을 할지 생각해 낸다. 책을 최대한 많이 볼수록 참신하고 차별화된 기획 콘셉트를 탄생시키는 데 도움이 된다.

그렇게 기획의 색깔을 잡아 나가면 저자들은 감탄하며 '어떻게 그런 아이디어를 생각해 내냐'며 묻는다. 나뿐 아니라 편집자들은 때때로 이런 말을 저자들로부터 듣는다. 언제나 그렇듯 정답은 멀리 있지 않다. 저자 자신 그리고 책 속에 있다. 그것을 편집자가 먼저 발견할 뿐이다.

그래서 대중의 사랑을 받는 책을 쓰고 싶은 예비저자라면, 편집자처럼 책을 볼 수 있어야 한다. 여기서 주목해야 할 점은 바로 '본다'는 말이다. 편집자들은 책을 좋아하는 사람들이라 책을 많이 읽지만, 때로는 읽지 않고 본다. 참신한 기획 콘셉트를 잡기 위해 짧은 시간에 다수의 책을 빠르게 파악하는 편집자들의 노하우라 할 수 있다.

이 책에서 소개하는 것이 바로 '편집자들이 책을 보는 기술'이다. 편집자처럼 책을 본 다음에, 그로 인해 배운 '대중의 필요와 욕구'와 '내 강점 콘텐츠를 책에 녹이는 방법'을 바탕으로 책을 쓰는 것이다. 책을 잘 볼수록 잘 쓸 수 있다. 그래서 이 책에 '책을 잘 보는 법'과 함께 '내 강점 콘텐츠를 (발굴하고) 녹여서 책 쓰는 법'까지, 실질적이고 구체적인 방법들을 최대한 꼼꼼하게 담으려고 노력했다.

이 책에서 '책을 보는' 방식을 소개하고 있지만, 책을 늘 이렇게 봐서는 안 된다. 생각의 크기를 넓히고 성찰의 깊이를 더하는 독서의 본질은 정독精讀에 맞닿아 있다. 그러나 대중서를 기획하고 집필하는 이들은 참신한 기획을 위해 기존의 책들을 효과적으로 활용하는 방법을 알아야 한다. 그런 차원에서 이 책에서 소개하는 '책쓰기'도, 대중이 일상생활을 좀 더 잘 살아내기 위해 필요로 하는 실용적 지식/정보를 다룬 책에 한정된다는 점을 밝혀 둔다.

오랫동안 이 분야에서 일하는 현업 종사자로서, 예비저자들에게 꼭 드리고 싶은 말은 책쓰기는 자신을 오롯이 담아내는 작업이어야 한다는 것이다. 손쉬운 요령을 찾기보다 시간이 좀 더 걸리고 좀 더 고단하더라도 '진정한 나'를 찾아서 담아내는 책쓰기를 하면 좋겠다.

대중은 저자의 강점 콘텐츠가 오롯이 들어간 책에 관심을 갖고 열광한다. 이런 책은 운이 나빠(?) 베스트셀러가 안 되더라도 길게 간다.

이 책을 보고 난 후 꼭 책쓰기를 시작할 필요는 없다. 앞으로 살아가야 할 길에 꼭 책이 필요하다면 쓰면 되고, 그렇지 않다면 안 써도 사는 데 전혀 문제는 없다. 하지만 이 책을 본 후 반드시 자신의 강점 콘텐츠를 발견하는 일에 착수했으면 좋겠다. 그것이면 이 책의 가치는 족하다.

2020년 봄
박보영, 김효선

# 차례

## Chapter 3. 알아두면 유용한 책읽기 기술
### 책읽기 실력을 한 계단 상승시켜 주는 기술

# 내 원고는 왜
# 거절당하는 걸까?

"도대체 뭐가 문제지?"

고심 끝에 작성한 출간기획안과 원고를 출판사에 투고해 보았으나 거절당해 본 경험이 있는 예비저자라면 한 번쯤 생각해 보았을 것이다. 투고해 본 경험이 없다 해도 과연 출판사가 내 원고에 관심을 가져 줄지 확신이 없어 투고를 망설이는 사람도 있을 것이다. 그렇다면, 출판사에서 '출간이 가능하다'고 판단하는 기준은 무엇일까? 도대체 내 원고는 무엇이 부족해서 출간을 거절당하는 것일까?

## 원고를 투고하는 예비저자들의 착각

아쉽게도 저희 출판사와 방향이 맞지 않아 출간이 어려울 듯합니다. 귀한 원고를 저희 출판사에 투고해 주셔서 감사합니다.

　판에 박힌 거절 메일이지만 받는 입장에서는 수십 번을 받아도 도무지 익숙해지지 않는 답장이다. 그저 세상에 내 이름 석 자가 박힌 책 한 권을 내고 싶었을 뿐인데 메일에 담긴 거절의 말은 '당신이 보낸 수준 미달의 원고는 출간할 가치도 없다'고 말하는 것만 같아 가슴 한쪽이 콕콕 쑤셔 온다. 책을 쓰기 위해서 바쁜 저녁 시간을 쪼개어 책쓰기 관련 특강에 참석하고, 남들은 어떻게 책을 써서 출간까지 하게 됐는지 경청하고, 책쓰기에 관련된 책을 여러 권 구입해 정독한 후 공들여 원고를 썼으며, 출간기획안까지 작성해서 출판사에 투고했지만, 돌아오는 답은 '저희 출판사와 방향이 맞지 않아 출간이 어렵다'라니….

　무엇이 부족한지, 어떤 것을 보완하거나 수정하면

출간이 가능한지 답변이라도 받고 싶지만 출판사의 답 메일에는 '출간이 어렵다'는 간결하면서도 완고한 거절의 메시지만 담겨 있을 뿐이다.

출판사가 여기 한 군데만 있는 건 아니니까, 라고 애써 자위하며 나의 숨겨진 가능성을 발견해 줄 다른 출판사에 투고해 보지만 반복되는 거절에 자존감이 뚝 떨어지길 여러 번. 투고를 거듭할수록 거절 메일이라도 보내 주는 출판사에게 감사의 마음을 가져야 한다는 것을 깨닫는다. 그마저도 보내 주지 않는 출판사가 태반이니까. 이런 과정을 겪다 보면 머릿속에 몇 가지 궁금증이 떠오른다.

'출판사가 투고된 원고를 검토하긴 하는 것일까?'

'투고된 원고를 보고 출간 제의를 하는 경우가 있을까?'

'도대체 출판사는 어떤 사람에게 책 작업을 해 보자고 제안하는 것일까?'

'책을 한 권도 내보지 않은 예비저자에게도 기회는 있는 걸까?'

서점에 가서 바닥부터 천장까지 서가를 빼곡하게 채운 책들을 보면서, 잘하면 나도 저자가 될 수 있을 거란 희망을 품고 원고를 투고했다. 보는 눈 없는 출판사들이 엄청난 가능성을 품고 있는 예비저자를 이렇게 놓치는 구나, 싶다가도 어쩌면 책은 누구나 쓸 수 있다고 했지만 아무나 쓰지는 못하는 것 같다고, 내가 그 '아무나'인 것 같다는 생각에 머릿속이 복잡해진다.

누군가가 너는 책을 쓸 수 있다, 없다 명쾌하게 대답해 주면 좋을 텐데 그런 조언을 해 줄 만한 사람은 주변에 없다. 몇 번의 반복된 거절 끝에 마음의 상처를 입게 된 예비저자들은 한숨을 푹푹 내쉬며 이렇게 판단을 내린다.

'이 길은 내 길이 아닌가 보다.'

## 바보야, 문제는 '기획'이야!

하루에 적게는 한두 통, 많게는 수십 통씩 투고 거절 메일을 보내는 편집자 입장에서도 답답하긴 마찬가지다. 출판사 편집자들의 주요 업무 중 하나가 저자 발굴이지만 투고된 기획안과 원고에서 흙 속에 묻힌 진주를 발견하기란 쉽지 않다.

　출판사로 투고된 원고와 기획안을 통해 신인저자를 발굴하는 건 아주 중요한 일임에도 불구하고 편집자들이 한숨을 쉬는 이유는 수많은 예비저자들이 중요한 것을 놓친 채 형식만 잘 갖춰서 투고하기 때문이다. 다수의 예비저자들은 자신의 원고가 거절당한 이유를 '원고를 못 써서'라고 생각하는데, 이 말은 절반은 맞고 절반은 틀리다. 출판사에서 원고를 거절하는 대부분의 이유가 글 자체에 대한 문제보다는 투고된 원고의 기획이, 즉 아이템이 참신하지 못해서인 경우가 많다.

　출판사에서 원고를 거절하는 데는 몇 가지 이유가 있다. 소수의 독자들을 상대로 하여 대중성이 떨어져 판매량이 높지 않을 듯한 기획, 베스트셀러 랭킹에 오른 책들의 제목과 내용을 흉내 낸 기획, 저자의 전문성과 동떨어진 기획, 저자의 개성과 매력이 제대로 드러나지 않은 밋밋한 기획일 때, 편집자들은 두 번 고민하지 않고 원고를 거절한다.

　초판 2천 부도 판매하기 힘든 현실에서 특정한 소수만을 대상으로 한다면 더더욱 판매를 낙관할 수 없고, 베스트셀러를 모방한 기획은 시장에서 '아류'로 인식될 뿐이며, 저자의 전문성을 신뢰할 수 없는 콘텐츠는 독자의 관심과 사랑을 얻을 수 없을 뿐만 아니라 저자의 개성과 매력이 드러나지 않은 콘텐츠는 시장에서의 차별성이 없다는 얘기이므로, 출판사가 출간할 이유를 찾을 수 없다.

반대로 말하면 원고가 다소 부족하더라도 기획이 참신하고 전반적인 책의 구조가 탄탄하며, 저자의 개성을 발견할 수 있다면 편집자들은 책을 출간할 가치가 있다고 여긴다. 여기서 '원고가 다소 부족하더라도'의 의미는, 맞춤법과 띄어쓰기 등이 자주 틀리고 문장이 거칠다고 파악되는 경우를 말한다. 예비저자들은 투고한 원고가 거절당한 이유를 '글을 잘 못 써서'라고 생각하지만, 의외로 편집자들은 '글을 잘 못 써서' 거절하는 게 아니라 '기획이 잘못되어' 거절하는 경우가 훨씬 많다. 기획이 잘못되었다면 원고를 수정하는 것으로 해결할 수 없고 아예 새롭게 기획을 해야 하기 때문이다.

기획이 좋은데 원고가 다소 부족한 경우, 즉 문장이 거칠고 구성이 약하다면 편집자들은 어떻게 수정해야 할지를 고민한다. 예비저자에게 꼼꼼하게 피드백을 해서 저자가 스스로 고칠 수 있는지, 편집자 자신이 직접 수정해야 하는 건 어느 정도인지, 혹 구성작가의 도움을 받아야 하는지를 면밀하게 판단한다. 첫 번째와 두 번째로 결론을 내리는 경우 출판 계약을 진행하고, 세 번째의 경우는 예비저자에게 원고 수정 방법과 비용 등을 포함한 계약 조건을 협의하자고 청할 수 있다. 그러니까 편집자들은 독자들로부터 사랑을 받을 수 있다고 판단되는 기획에 대해서는, 출간하는 쪽으로 무게를 두는 것이다.

출판사는 언제나 저자를 찾고 있다. 신인 저자의 경우 낙관적인 판매 결과를 장담할 수 없다는 점에서 출판사가 져야 할 부담이 크고 원고가 거칠어서 다듬어야 하지만, 톡톡 튀고 참신한 개성을 담은 기획만 있다면 저자를 긍정적인 시선으로 바라보며 부담을 감수하고서라도 출간을 고려한다. 그러나 투고된 출간기획안 대부분이 저자의 개성이 잘 드러난 참신한 기획, 기획과 연관되는 저자의 전문성, 대중성(상업적 가치) 중 어느 한 부분도 출판사를 충족시켜 주지 못하기 때문에 투고된 원고를 거절하는 것이다.

    그러므로 책을 쓰려고 결심한 예비저자라면, 출판사에 원고를 투고해 보았으나 좋지 못한 결과를 받은 예비저자라면, 자신의 기획을 다시 점검해 볼 필요가 있다. 그저 막연하게 어느 누군가가 좋게 봐주지 않을까, 깎이지 않은 원석 같은 가능성을 발견하고 출간해 주지 않을까 하는 기대는 접는 것이 좋다. 내가 투자자라면, 나라는 상품에 1~2천만 원가량을 투자할 수 있는지 냉정하게 생각해 볼 필요가 있는 것이다(상업출판에서 초판 제작비의 기준임. 상업출판이란 독자가 책값을 지불하고 살 만한 상업성을 담보한 출판 형태로, 기획출판과 반기획이 이에 해당함). 누구라도 출간하고 싶을 정도로 괜찮은 기획을 했는지, 내 전문성과 직결되는 기획을 했는지, 기존에 출간된 책과 비교했을 때 밀리지 않을 정도로 참신한지, 대중이 정말 필요로 하고 좋아할 만한 내용일지 객관적으로 자신의 기획을 판단해 봐야 한다.

    또한 예비저자들은 원고를 검토하는 편집자들이 원고를 거절하기 위해서 검토하는 것이 아니라는 것을 기억해야 한다. 편집자라면 누구나 좋은 저자를 발굴하고

싶어 한다. 그런 점에서 자신이 투고한 원고가 편집자의
마음을 사로잡을 수 있는지를 생각해 봐야 한다.

　반드시 기억해야 할 것은 출판편집자들은 책을 만드
는 일을 본업으로 하는 사람들이라는 사실이다. 대중의
관심사를 사로잡을 수 있는 책 기획을 끊임없이 생각하
는 사람들이다. 출판계가 유사 이래 최고의 불황이고, 책
팔아서 먹고 살기 쉽지 않은 환경 속에서도 책이 너무 좋
기에 책을 만드는 일에 인생을 건다. 대중에게 사랑받는
책을 만드는 것에서 자신의 존재 이유를 찾는다. 그래서
예비저자들은 출판편집자들이 계약하고 싶다고 전화하
지 않고는 배길 수 없는 참신한 기획으로 그들의 눈을 홀
릴 수 있어야 한다. 그제야 비로소 진짜 저자의 길로 들
어설 수 있는 것이다.

# 책의 잉태부터 탄생까지
# 동행하는 사람, 편집자

앞서 편집자들이 투고된 출간기획안과 원고에서 무엇보다 '기획'에 중점을 두고 검토한다는 것을 확인했을 것이다. 많은 이들이 편집자에 대해, 저자가 쓴 원고를 교정교열하는 사람 정도로 알고 있지, 이렇게 기획에 포커스를 맞추고 일한다는 점은 알지 못한다. 〈반짝반짝 빛나는〉이나 〈로맨스는 별책부록〉이라는 드라마를 통해 편집자의 모습이 소개되긴 했지만 드라마의 목적이 직업 탐구가 아니므로 단편적인 모습만 나올 수밖에 없으니 편집자란 직업을 이해하기에는 부족했을 것이다. 편집자는 대중이 좋아하는 상품성 있는 책을 만들기 위해 최전선에 서 있는 사람, 책이라는 상품을 생산하는 과정에서 총감독과 같은 역할을 한다.

## 저자가 책을 쓰는 사람이라면, 편집자는?

물론 문장을 매끄럽게 다듬고 맞춤법을 통일하여 읽
힘새 좋은 책으로 만드는 것도 편집자가 하는 일 중 하
나다. 그러나 편집자들은 이보다 훨씬 복합적인 일을 한
다. 출판사의 규모에 따라 편집 영역과 기획 영역이 나누
어지기도 하지만, 대부분의 편집자들이 기획부터 편집
까지 모든 일을 총괄하여 진행한다. 원고는 저자가 쓰지
만, 책 기획에 맞는 저자를 섭외하는 일도, 저자의 특성
에 맞춰서 알맞은 책을 기획하는 일도, 편집을 포함한 모
든 진행 및 홍보 계획을 세우는 일까지도 모두 편집자의
몫이다.

그러나 무엇보다 중요한 역할은 저자와 함께 치열하
게 고민하고 논의하여 책의 방향성을 정하고, 주제에 맞
게 원고를 재구성하거나 수정하는 것을 포함해 책이 대
중이 좋아하는 형태로 만들어질 수 있게끔 조율하는 것

이다. 편집자는 오케스트라로 따지면 지휘자, 판소리로 따지면 북을 치며 흥을 돋우는 고수이자 배가 목적지에 도착할 수 있도록 키를 조종하는 조타수라고 할 수 있다.

## 빛나는 기획을 완성시키는 최고의 조력자

이런 편집자의 역할을 잘 드러낸 영화가 2017년에 개봉한 〈지니어스〉다. 어니스트 헤밍웨이를 발굴하고 스콧 피츠제럴드의 조력자 역할을 한 전설적인 편집자 '맥스 퍼킨스'와 천재 저자 '토마스 울프'의 실화를 그린 이 영화는, 모든 출판사에서 거절당한 저자 '울프(주드 로)'의 원고를 우연히 읽게 된 편집자 '퍼킨스(콜린 퍼스)'가 난해하지만 묘한 매력이 있는 울프의 필력에 반해 그에게 출간을 제의하면서 시작한다. 서정적이면서도 아름다운 울프의 감성에 냉철한 편집자 퍼킨스의 열정이 더해지자 울프의 데뷔작 〈천사여, 고향을 보라〉는 출판과 동시에 베스트셀러가 된다. 쏟아지는 찬사와 함께 불타는 창작열에 휩싸인 울프는 5,000페이지짜리 두 번째 원고를

완성하기에 이른다. 앞선 작품의 성공에 큰 부담을 안게
된 울프는 더 큰 성공을 해야 한다는 압박감을 느끼지만,
냉철한 편집자 퍼킨스는 울프가 작품을 완성시킬 수 있
도록 곁에서 묵묵히 도와준다.

　여기서 주목할 것은 저자 울프가 편집자인 퍼킨스에
게 의지하며 함께 원고를 만들어 나간다는 점에 있다. 방
대한 분량의 원고 중에서 어느 부분 하나 버릴 것 없다고
울부짖는 울프와 불필요한 원고는 과감하게 쳐내야 한
다고 말한 퍼킨스. 그는 결국 중요한 건 '이야기'라는 점
을 지적하며 울프가 스스로 원고를 삭제할 수 있도록 조
언한다. 자칫 저자의 고집으로 원고가 방향을 잃고 헤맬
수 있다는 점을 정확하게 짚어 낸 그는 본래 기획 의도에
맞게 원고를 진행할 수 있도록 돕고, 원고란 저자 개인의
만족을 위해 쓰는 것이 아닌 대중과 함께 소통하기 위한
것이라는 점을 간과하지 않는다.

　울프뿐만 아니라 다수의 저자들이 '자신이 쓰고 싶은
것'과 '대중이 알고 싶어 하는 것' 사이에서 혼란스러워한
다. 편집자는 바로 그 혼란에서 중심을 잡아 주는 사람이
다. 대중의 기호와 필요를 저자가 원고에 잘 반영할 수

있도록 돕는다. 이렇듯 저자와 독자 사이에서 편집자의 중심 잡기는 저자의 원고가 훨씬 더 대중성 있고 상품성 있는 작품으로 탄생할 수 있게 해 준다.

원고가 나아가야 할 방향에 대해 정확하게 알려 주는 퍼킨스의 조언에 따라 울프는 전보다 더 나은 원고를 완성하기 위해 수정에 몰두하고, 저자로서 더욱 성장한다. 결국 두 사람은 3년간의 끈질긴 작업 끝에 두 번째 책도 성공으로 이끌어 낸다. 울프는 책의 성공을 편집자인 퍼킨스에게 돌리지만, 퍼킨스는 오히려 겸손하게 이야기한다.

"이 책은 네 것이야. 편집자는 익명으로 남아야 해. 내가 원한 것은 그저 사람들이 네 글을 읽는 것이고, 나의 직업은 좋은 책을 독자들의 손에 쥐여 주는 것이야."

더불어 퍼킨스는 이렇게 고백한다.

"나는 네 책의 가치를 훼손시킨 게 아닐까 걱정했어. 내가 정말 책을 더 좋게 만들고 있는 것이 맞나? 아니면 상업적인 무언가로 만들고 있는 건 아닐까 하고 말이야."

이 말을 통해 퍼킨스 역시 저자인 울프처럼 두 번째

책에 대한 부담이 컸음을 유추할 수 있다. 작품의 완성도를 위해 저자만큼 편집자들도 많은 고민을 한다. 자신이 작품에 제대로 기여하고 있는지, 혹 자신의 판단이 작품에 잘못된 영향을 미쳐 좋은 작품을 망쳐 버리는 건 아닌지 말이다. 그러나 편집자의 고민은 저자보다 더 큰 스포트라이트를 받기 위해서가 아닌, 저자의 작품이 독자들에게 진한 감동과 여운을 선사하길 바라는 마음에서 비롯된다.

그런 면에서 저자의 역할은 참신한 원고를 써서 독자들에게 새로운 관점을 제시할 수 있는 것이라면, 편집자의 역할은 저자의 작품이 기획 방향을 잃지 않고 대중에게 더 사랑받을 수 있는 작품이 될 수 있도록 다듬는 것이다.

그리하여 저자와 편집자의 관계는 서로에게 꼭 필요한 존재이다. 저자 없이 책 만드는 편집자가 없듯이 편집자 없는 저자도 존재할 수 없다. 그래서 훌륭한 저자들은 편집자를 자신의 작품을 함께 만드는 사람이라 인정하며 작품의 공을 편집자에게 돌린다. 토마스 울프가 맥스 퍼킨스에게 공을 돌린 것처럼 말이다.

늘 저자 뒤에 서서 저자를 뒷받침해 주므로 편집자는 '그림자 노동자'에 가깝지만, 빛나는 작품 뒤에서 기획을 완성시키는 최고의 조력자이기도 하다. 한국에서도 좋은 저자와 편집자가 팀을 이뤄 작업하는 경우가 드물지 않다. 자신의 성공 뒤엔 훌륭한 편집자가 있다는 것을 인정하며 한 명의 편집자와 수십 년째 작업하는 소설가가 있는가 하면, 편집자가 출판사를 옮기자 편집자를 따라 출판사를 옮긴 것도 모자라 성공한 작품의 판권도 함께 이전하도록 허락한 사례도 있다. 이렇듯 저자와 편집자는 팀을 넘어 의리로 함께하는 파트너이기도 하다.

저자의 장단점을 누구보다 잘 알고 있는 편집자는 저자의 장점은 최대한 부각시키고, 단점은 최대한 보완하여 책 속에 담아낸다. 서로가 최선의 최선을 거듭하여 만들고 다듬은 책이 독자들에게 사랑받는다는 건 어쩌면 당연한 결과가 아닐까. 괜찮은 저자 뒤엔 괜찮은 편집자가 있다는 소리가 괜히 나온 건 아닐 듯하다. 그런 면에서 저자는 자신의 기획이 대중에게 더 많은 사랑을 받을 수 있도록 노력하는 편집자와 의견을 나누며 더 좋은 작품을 만들어 나갈 수 있도록 노력해야 한다.

# 편집자들은 책을
# 읽지 않고 '본다'

출판계의 절대 강자는 저자이다. 콘텐츠를 생산해 내는 저자가 시장을 지배하는 것은 당연하다. 그리고 이 절대 강자인 저자들이 존중하는 대상이 바로 편집자다. 편집자가 자신의 원고를 훨씬 더 가치 있게 만들어 준다는 것을 너무나도 잘 알기 때문이다. 저자와 편집자는 서로에게 조력자이자 협력자라고 할 수 있다.

가끔 저자들은 편집자들에게 이렇게 묻는다. "어디서 그런 아이디어를 얻나요?", "편집자님의 의견대로 원고를 고치니 훨씬 좋네요." 등등 저자들은 편집자들과 기획 방향을 논의하거나 원고를 수정하는 과정을 거치며 이런 감탄을 쏟아 내기도 한다.

편집자의 손을 거치면 저자 혼자 작업할 때보다 훨씬 더 시장성 있고, 저자의 매력이 또렷하게 드러나는 기획이 된다. 그 기획의 '엄마'인 저자보다 더 잘 이해하고 발전시킬 능력이 있는 제삼자가 편집자라는 것인데, 그것이 어떻게 가능할까?

## 차별화된 상품을 만들기 위한 편집자의 기획법

편집자들은 끊임없이 대중의 욕구와 시장의 흐름을 관찰한다. 과장을 보태서 이야기하자면 아침에 눈을 떠서 잠들기 전까지 눈앞의 모든 글자를 훑어본다. 출간된 도서들, 텔레비전 뉴스, 신문 기사 등은 물론 쇼오락 프로그램까지 살펴보면서 대중이 현재 어떤 것에 관심을 두고 있는지, 어떤 것을 필요로 하는지 알아내고자 한다. 출판뿐만 아니라 대중을 상대로 상품을 기획하는 모든 이들은 대중의 욕구에 민감할 수밖에 없다. 대중의 욕구는 곧 판매와 직결이 되니 말이다.

편집자들은 이렇게 평소 꾸준히 관찰한 대중의 욕구

를, 자신이 만나는 저자의 콘텐츠와 접목한다. 그리고 저자가 가진 강점 콘텐츠를 파악해서 그것을 대중의 욕구와 눈높이에 맞는 언어로 표현해 낸다. 강점 콘텐츠란 한 사람이 살아오면서 수많은 경험과 학습을 통해 쌓아온 콘텐츠 중 가장 매력적인 성질을 가진 콘텐츠를 말한다. 쉽게 말해 '내가 제일 잘하고 잘 알고 있는' 콘텐츠이다. 비슷한 이력을 가진 사람들이라도 각자의 삶 속에서 겪은 경험이 다르기 때문에, 그것을 잘 분석하면 강점 콘텐츠로 만들 수 있다. 시중의 책들이 비슷비슷해 보여도 조금씩 색다른 기획으로 나올 수 있는 것도 저자의 강점 콘텐츠가 다르기 때문이다.

편집자는 책을 기획하는 단계에서 저자를 면밀하게 분석한다. 기존 저자의 경우 기존에 출간한 책을 꼼꼼하게 파악하여 이전에 출간된 책과 다른 색깔을 찾을 수 있도록 고민한다. 예를 들어 첫 책으로 마케팅 기본서를 출간한 경험이 있는 저자라면, 그 사람의 특장점을 꼽아 보다 구체적인 마케팅서를 기획하거나, 마케팅서와 접목할 수 있을 만한 다른 요소를 찾아내어 좀 더 새로운 책을 만들기 위해 고민하는 것이다.

신인 저자의 경우 주요 경력을 분석하는 방법을 사용하는데, 해당 저자가 가지고 있는 특별한 경험과 전문성을 바탕으로 현재 대중이 궁금해할 만한 것이 무엇인지를 잡아내고, 시중의 도서들을 분석하며 차별화된 요소를 찾기 위해서 노력한다.

그 사람이 가진 강점 콘텐츠를 분석하고 책을 기획하는 것은 무엇보다 중요하다. 이를 위해 해야 하는 일이, 시중에 이미 출간된 도서를 분석하는 것이다. 예비저자들은 출간 도서들을 분석하여 대중의 기호를 알아내고, 그에 맞게 자신의 콘텐츠를 표현하는 방법을 배워야한다. 기존의 저자들이 자기 콘텐츠를 표현해 낸 것을 보고, 내 안의 콘텐츠를 발견하여 정리할 수 있어야 한다. 차별화된 기획을 하기 위해서 가장 기본적이면서도 중요한 행위이다.

이쯤 되면 편집자는 그 많은 책을 다 읽어 볼까? 하는 의문이 들 것이다. 맞다. 편집자도 사람이기에 참고 도서들을 모두 읽어볼 수는 없다. 편집자들은 책을 읽기보다는 목적에 맞게, 어쩌면 '영리하게 살펴보는' 사람들이다.

# 책 '읽기'가 아닌 책 '보기'

　편집자들이 책을 만들기 위해 참고해야 할 책은 많고, 그 책들을 일일이 읽으며 새로운 기획을 하기엔 시간은 한정되어 있다. 기획 회의와 저자 미팅, 마감 일정에 쫓겨 사는 존재들이기 때문이다. 그래서 편집자들은 최대한 시간을 효율적으로 활용하기 위해, 더불어 짧은 시간 내에 최대한 책을 다양하게 살펴보기 위해 책을 '읽는' 방법이 아닌 '보는' 방법을 사용한다.

　앞서 말한 것처럼 참신한 기획과 콘텐츠의 차별화를 위해서 기존의 책을 살펴보고 분석하는 것은 필수이다. 다만 읽는 방법이 아닌 '보기', 혹은 '관찰'하는 방법이라 소개한 이유는 책의 핵심 요소만 살펴보면서 주제와 구성, 저자의 강점 콘텐츠를 어떻게 책에 녹여 냈는지 알아내기 때문이다. 이러한 과정을 통해서 편집자는 저자의 강점 콘텐츠를 빛나게 해 줄 수 있는 기획 방법과 어떻게 목차를 구성하고 어떤 문체로 독자들에게 말해야 할지 등을 빠르게 파악한다.

　그래서 편집자들의 '책보기' 방법은 짧은 시간 내에

다양한 분야의 책을 집중적으로 살펴보고 기획해야 하는 입장에서 자연스레 습득하게 된 노하우라고 할 수 있다.

편집자들의 '책보기'는 일반 독자들이 스쳐 지나가는 것에 시선을 집중한다. 표지의 책 제목, 카피, 추천사, 저자 소개, 판권지, 머리말, 목차 등을 샅샅이 읽어 나간다. 편집자들이 책의 표지부터 살펴보는 이유는, 표지글이야말로 책의 전체를 파악하기에 가장 좋은 글이라 생각하기 때문이다. 책을 만들 때 편집자들은 제목과 카피, 저자 소개 등에 책의 핵심을 표현할 수 있도록 온 힘을 다한다. 그래서 기획을 할 때도 시중에 출간된 도서들의 표지글부터 살펴보면서 그 책의 기획 의도를 꿰뚫어 보려고 노력한다.

실제로 많은 사람이 책을 고를 때 표지와 제목, 광고 문구 등을 훑어본 뒤 목차와 머리말 순으로 책을 살펴본 후 책을 살지 말지 결정한다. 그러나 여기서 미묘한 차이점은 독자들은 '이 책 재미있겠다!'는 감탄으로 끝나지만, 편집자들은 '왜 이렇게 만들었을까?'라는 고민으로 시작해서 '그렇다면 이제는 이러저러한 내용으로 만들면

되겠구나!' 하는 기획의 아이디어를 얻는 데까지 도달한
다는 것이다.

편집자들은 책을 살펴보면서 어떻게 만들어야 할지
를 고민한다. 마찬가지로 예비저자라면 책을 살펴보면
서 '나는 어떻게 쓸 것인가?'를 생각할 수 있어야 한다.
책을 기획해야 하는 입장이라면 독자와 똑같은 입장으
로 책을 보지 말고 콘텐츠 개발자로서의 시선을 가져야
한다.

책을 쓰고 싶은 예비저자들이라면 자신의 강점 콘텐
츠가 무엇인지 찾아보기 위해 고민하고, 시중의 도서들
을 분석해 이전과는 조금 다른, 차별화된 기획을 해야 한
다. 그래서 편집자들의 책 '보기' 방법을 이 책에서 배우
기 바란다.

# Chapter 1.

# 책을 보다

## 차별화된 기획을 위한
## 편집자들의 책 관찰법

이 책에서 말하는 책읽기는
일반적인 의미의 독서가 아니라 '책보기', '책 관찰'이다.
이러한 관찰을 통해 대중이 좋아하는 기획,
나의 콘텐츠를 발굴하는 방법을 알 수 있다.

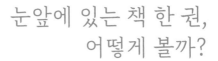

# 눈앞에 있는 책 한 권,
# 어떻게 볼까?

　책을 쓰고 싶은 예비저자라면 책을 잘 읽어야 한다. 독자 입장이 아닌, 콘텐츠를 개발하는 개발자 입장에서 책을 관찰할 수 있어야 한다. 콘텐츠 개발자의 입장에서 이미 시장에 나온 상품(기존 도서들)을 연구하는 건 필수이며, 시중에 판매되고 있는 책들을 분석하여 내 책의 차별점을 만드는 데 활용해야 한다. 정독精讀의 방식이 아니라 차별화된 기획을 위하여 책을 살펴보는 방식의 책읽기라고 할 수 있다.

　그래서 이 책에서 말하는 책읽기는 일반적인 의미의 독서가 아니라 '책보기', '책 관찰'이다. 책의 표지부터 본문에 이르기까지 각 구성요소를 살펴보면서 기존의 저자들이 자신의 콘텐츠를 어떤 식으로 한 줄 정리를 해냈는지, 자신에 대한 소개는 어떻게 했는지, 자신의 강점 콘텐츠를 어떻게 목차와 본문 속에서 표현해 냈는지 등을 알아보는 것이다. 이러한 관찰을 통해 대중이 좋아하는 기획, 대중에게 잘 팔릴 만한 나의 콘텐츠를 발굴하는 방법을 알 수 있다.

## 표지글, 책의 핵심 콘셉트를 표현한다

눈앞에 책 한 권이 있다고 가정해 보자. 무엇부터 보면 좋을까? 가장 먼저 볼 것은 표지이다. 먼저 표지의 구조를 살펴보자.

| 뒤표지<br>날개<br>(표3) | 뒤표지<br>(표4) | 책등<br>(세네카) | 앞표지<br>(표1) | 앞표지<br>날개<br>(표2) |
|---|---|---|---|---|

왼쪽의 그림은 표지를 쫙 펼친 모습이다. 표지 디자이너는 이렇게 펼침면으로 표지를 디자인하는데, 가장 먼저 디자인하는 부분이 앞표지(표1)이다. 일반적으로 여기에는 책 제목, 부제, 카피, 저자 이름, 출판사가 들어간다.

앞표지는 독자들이 가장 먼저 만나는 '책의 얼굴'인 만큼 그 책의 핵심 콘셉트를 가장 매력적이면서도 압축적으로 정리해 놓은 글이 담겨 있다. 편집자들은 온 정성과 열의를 다해 이 글들을 작성한다. 즉, 표지만 살펴봐도 이 책을 쓴 저자가 어떤 콘텐츠를 갖고 있는지를 파악할 수 있다. 예비저자들은 자신의 강점 콘텐츠가 잘 드러나는 기획을 해야 하고 독자들은 표지글에서부터 이를 알아볼 수 있다. 책의 표지글을 꼼꼼하게 살펴본 후 그 책의 핵심 콘셉트를 정확하게 파악하였다면 그 책의 기획이 잘 되었다고 봐도 무방하다(물론 표지글을 보고 가진 기대감이 본문을 읽으면서 사라지는 안타까운 경우도 있지만).

행복하게 살고 싶은 사람들을 위한 마음 습관 ·············· 부제

# 나는 마음 가는 대로 살기로 했다 ·············· 책 제목

홍길동 지음 ·············· 저자 이름

눈치 보며 사는 건 이제 그만! ·············· 카피
내 마음을 존중하며 살아가는 기술

사랑 출판사 ·············· 출판사 이름

이를테면 이런 형태이다. 대개 책 제목은 그 책의 핵심 콘셉트를 고스란히 담고 있는 경우가 많다. 책 제목 위에 조금 작은 글씨로 쓰여 있는 것이 부제로, 책 제목을 보충적으로 설명하는 형태이다.

편집자들은 책 제목과 부제가 서로 조화를 이룰 수 있도록 만든다. 예컨대 2019년 교보문고 종합 베스트 7위의 〈아주 작은 습관의 힘〉제임스 클리어 저, 비즈니스북스 발행은, 책 제목-아주 작은 습관의 힘, 부제-최고의 변화는 어떻게 만들어지는가, 이다. 이 책은 일반적으로 독자들이 원하는 희망, 도달하고자 하는 목표(최고의 변화)를 부제를

통해 질문하고, 제목을 통해 답하고 있다. 조화가 잘 맞는 형태이다.

책 제목이 키워드인 경우, 부제는 이를 설명하는 문장으로 작성하기도 한다. 〈초격차〉권오현 저, 쌤앤파커스 발행는 책 제목-초격차, 부제-넘볼 수 있는 차이를 만드는 격, 이다. 부제가 초격차라는 단어의 의미를 설명하고 있는데, 이 역시 조화가 잘 맞는다. 키워드 형태의 제목은 저자의 퍼스널 브랜딩에 유리하지만, 키워드의 스타일에 따라 독자들의 반응이 달라진다는 점은 유의하는 게 좋다.

예를 하나 더 살펴보자. 〈공부머리 독서법〉최승필 저, 책구루 발행의 경우, 책 제목-공부머리 독서법, 부제-실현 가능하고 지속 가능한 독서교육의 모든 것, 이다. 부제에서 독자들이 바라는 바를 정립하고, 제목이 그 솔루션이 된다. 제목은 〈초격차〉처럼 키워드 형태이다.

예비저자들은 자신이 쓰고자 하는 책 분야의 도서들을 살펴보고 책 제목과 부제의 형태를 연구하면서 자신의 콘텐츠를 이러한 구조로 표현할 수 있도록 훈련해야 한다. 이 글이 매력적일수록 대중은 저자와 그 콘텐츠에 관심을 갖게 될 것이다. 책 제목과 부제는 출판 단계에서 편집자들이 주도적으로 작성하긴 하지만, 저자 스스로 자기 콘텐츠를 표현하는 글을 작성할 수 있다는 건 매우 중요하다.

카피는 독자들에게 이 책을 읽고 싶고 사고 싶은 욕구를 불러일으킬 수 있는 내용으로 구성되어 있으며, 앞뒤 표지, 띠지 등에 자리한다(주로 띠지에 카피를 넣는 편이다). 책의 핵심 콘셉트를 좀 더 풀어서 설명하는 방식도 있고, 'ㅇㅇ분야 스타강사', '100만 직장인들이 열광한'처럼 저자가 굉장히 대중적인 인지도가 높은 전문가임을 보여 주는 방식도 있다. SNS에서 인기리에 연재되었던 내용을 바탕으로 한 책이라면 '100만 뷰 돌파', '유튜브 누적뷰 5천만'과 같은 문구를 카피로 쓰기도 한다. 이 책을 추천하는 유명인이 있다면 그 추천의 말을 넣기도 한다. 시중에 출간된 도서들의 앞뒤 표지에서 저자의 전문성, 대중적 인지도, SNS 활동 등이 어떤 글로 표현되어 있는지를 살펴보자. 이러한 관찰을 꾸준히 해야 자신을 대중에게 홍보하는 카피를 매력적으로 만들 수 있다.

물론 책 표지글에서 가장 중요한 건 책 제목이다. 저자의 콘텐츠를 표현하는 가장 매력적인 글이기 때문이다. 그래서 책 제목을 관찰하는 예비저자들이 많은데 의외로 부제와 카피까지 함께 눈여겨보진 않는 듯하다. 물론 부제와 카피가 없는 책들도 있다. 예를 들어 2019년 교보와 예스24 종합 베스트 1위인 〈여행의 기술〉김영하 저, 문학동네 발행의 경우, 부제가 없고 카피는 있다. 시중에 나온 책들을 보면 부제가 없는 책들도 많이 있다.

그래도 예비저자들은 자신의 강점 콘텐츠를 표현할 줄 알아야 하기에 기존 도서들의 책 제목, 부제, 카피를 꾸준히 관찰하길 추천한다. 잘 관찰해야 잘 쓸 수 있다.

나의 콘텐츠를 집약적으로 표현하는 한 줄 글을 만들 수 있다는 건, 그만큼 내 콘텐츠의 성격이 명확하다는 증거이다. 한 줄 표현을 잘하게 되면 퍼스널 브랜딩 차원에서도 매우 유용하다.

# 독자를 유혹하는 글쓰기, 표지글에서 배우자

앞표지 날개(표2)에는 저자 소개가 들어간다. 과거에는 저자 소개를 주요 이력을 정리하는 방식으로 구성했다. 그러나 요즘은 책의 콘셉트와 관련된 저자의 장점을 최대한 매력적으로 표현하는 방식으로 변화하고 있다. 저자 사진의 경우, 일반적인 프로필 사진이 아니라 저자의 개성이 좀 더 부각될 수 있는 이미지를 넣기도 한다. 물론 이미지를 넣지 않는 경우도 많다. 이건 저자와 출판사가 상의하여 결정한다. 저자 소개를 통해 알아봐야 할 것, 저자 소개의 작성 요령은 뒤에서 다룰 예정이다.

뒤표지 날개(표3)는 다양한 용도로 사용된다. 출판사의 도서들을 소개하는 홍보란으로 활용하기도 하고, 책의 머리말이나 본문 중 일부를 발췌해서 넣기도 하고, 저자 소개 내용이 많을 때는 앞표지 날개에 이어서 넣기도 한다. 출판사들이 어떤 내용을 넣을지 결정하므로 저자들이 크게 신경 쓰지 않아도 되는 자리이다.

마지막으로 뒤표지(표4)를 살펴보자. 이는 앞표지 다음으로 중요한 공간이다. 대개 이 공간에는 추천사를 넣는다. 추천사는 말 그대로 이 책을 추천하는 사람들이 쓴 간략한 글을 말하는데, 책의 장점, 저자의 전문성이 잘 표현되도록 구성되어 있다. 추천사에 대해서는 뒤에서 좀 더 다룰 예정이다.

추천사가 아닌 다른 내용을 넣는 경우도 많다. 앞표지처럼 카피를 작성하여 넣기도 하고, 본문 중 독자들이 특히 좋아하고 호기심을 가질 만한 내용을 발췌해 넣기도 한다. 머리말 일부를 발췌하는 경우도 있다. 이런 글들은 모두 책의 핵심 콘셉트를 잘 보여 주어 독자들에게 책에 대한 관심을 갖게 하려는 목적이 있다. 뒤표지 글들은 앞표지보다 분량이 많기 때문에 이것까지 꼼꼼히 읽으면 책의 성격, 이 책의 핵심 콘셉트를 더 잘 알 수 있다.

책을 만들면서 띠지를 별도로 제작하는 경우도 있다. 띠지에도 마찬가지로 카피가 들어가는데, 앞표지 혹은 뒤표지에 넣은 내용을 그대로 넣기도 하고 별도로 만들어 넣기도 한다.

독자들은 앞표지, 뒤표지를 통해 책의 핵심 콘셉트

를 이해하고 이에 대한 호감을 느끼면 책을 펼쳐서 내용을 보게 된다. 그래서 편집자들이 독자들을 유혹하기 위해 최선을 다해 표지글을 작성하는 것이다. 표지글은 차별화된 콘텐츠를 기획하고 싶은 예비저자들이 반드시 탐구해야 하는 텍스트라는 사실을 기억하자.

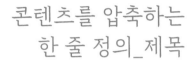

# 콘텐츠를 압축하는
# 한 줄 정의_제목

"아, 그 책 말이야? 제목이 열일했지, 뭐."

시장에서 베스트셀러가 터지면, 그 책이 베스트셀러가 된 이유를 저마다 분석, 평가한다. 그중 제목 덕분이라고 생각할 때 사람들은 저렇게 말한다.

물론 제목이 이보다 좋을 수 없이 마음에 쏙 드는 경우가 있다. 하지만 어떻게 제목 하나만으로 떴다고 할 수 있을까. 베스트셀러에는 그만한 이유가 있다. 그럼에도 불구하고 제목이 중요한 건 사실이다.

## 제목을 잘 지어서 베스트셀러가 되었다고?

편집자들이 책이라는 상품을 기획할 때 가장 중요하게 생각하는 것이 이름을 짓는 일이다. 책 제목은 저자의 콘텐츠를 압축적으로 정의하는 '한 줄 글'로, 이를 무엇으로 하느냐는 대단히 중요하다. 독자들이 가장 먼저 보게 되는 요소이고, 제목을 보고 관심이 생겨야 책을 구입할 가능성이 높아지기 때문이다.

많은 예비저자들이 "내가 잘 알려진 사람이 아니라서 독자들이 책을 사 줄까 걱정이네요."라고 한다. 사실 저자가 아무리 그 분야 전문가라 하더라도 대중적으로 널리 알려지지 않았다면 독자들이 저자를 알아보고 책을 사기는 힘들다. 그보다는 저자보다 콘텐츠에 흥미를 느껴서 사는 경우가 많다. 그러니 예비저자들은 자신이 '무명씨'라는 걸 그다지 두려워하지 않아도 괜찮다.

독자들이 좋아하는 책 제목, 베스트셀러 제목에 대해 각양각색의 이론들이 많다. 하지만 감히 밝히건대 제목에 대한 시각은 결과론적인 게 많다. 히트를 쳤으니까 좋아 보이는 것이다.

히트를 치지 않았다고 해서 좋지 않은 제목이라고 할 수는 없다. 책 판매에 영향을 미치는 건 책 제목만이 아니다. 시장 조사 과정에서 누락되어 결국 독자들에게 선보이지 못한 제목이 최종 선택된 제목보다 못하다고 단정 짓기도 어렵다. 대한민국을 떠들썩하게 만든 상품들의 기획자, 카피라이터들도 제목이나 카피를 쓰는 건 언제나 어렵다고 고백한다. 내 마음에는 쏙 드는데 쟤 마음에는 영 별로인, 매우 주관적인 시각이 난무하는 게 제목 짓기 영역이다.

최선을 다해 책을 만들어도 빛도 제대로 보지 못하고 사라지는 경우가 많아서 편집자들은 베스트셀러는 결국 운이 만든다고 자조 섞인 말을 하기도 한다. 제목 외에도 베스트셀러에 영향을 미치는 요소들은 많다. 표지 디자인, 시장 상황, 저자의 지명도, 콘텐츠의 참신성과 탄탄함, 출판사의 마케팅 등등. 때문에 감히 베스트셀러를 만드는 제목의 공식이 있다고 자신 있게 말할 수는 없다.

그러나 이미 많은 이들의 사랑을 받은 베스트셀러 제목들을 통해 대중이 좋아하는 제목의 특징과 콘텐츠의 성질을 소개하는 건 가능하다. 지금부터 '독자가 사랑하는 제목/콘텐츠'의 유형을 알아보자.

## 독자가 사랑하는 제목/콘텐츠의 유형①
## 온전한 나를 지키며 살 거야

교보문고 2019년 종합 베스트셀러 3위·예스24 2019년 종합 7위인 〈나는 나로 살기로 했다〉김수현 저, 마음의숲 발행, 예스24 2019년 종합 9위 〈당신이 옳다〉정혜신 저, 해냄 발행, 교보문고 2019년 종합 2위 〈고요할수록 밝아지는 것들〉혜민 저, 수오서재 발행, 교보문고 2018년 종합 11위 〈신경 끄기의 기술〉마크 맨슨 저, 갤리온 발행, 교보문고 2018년 종합 25위 〈만만하게 보이지 않는 대화법〉나이토 요시히토 저, 홍익출판사 발행을 보자. 얼핏 보면 제목의 유사함이 보이지 않겠지만, 이들 제목엔 공통점이 있다. 그 무엇보다 '나'를 존중하고 사랑하며 살겠다는 의미가 들어 있다.

교보문고는 2019년 독서 트렌드를 '나에 대한 관심의 증가'로 정리했다. 과거에는 나보다는 상대방의 기분을 헤아리고 거스르지 않도록 노력하여 마침내 그의 마음을 얻는 기술을 책에서 많이 다루었지만, 이제는 아니다. 내 마음은 젖혀 두고 상대방을 헤아리는 방법은 더이상 독자들의 환영을 받지 못한다. 늘 고객의 마음을 연구하는 마케팅/세일즈 영역에서조차 '고객이 왕'이니 무조건 고객에 맞추라는 코드를 사용하지 않는다.

이제 사람들은 온전한 나를 지키기 위해 상대방과의 마찰을 당당히 받아들이자고 주장하기도 한다. 조금 과장해서 말하면, 상대방 때문에 내 인생이 불행하다면 얼마든지 그를 버릴 수 있다. 남편, 아내, 연인, 친구, 회사, 기타 뭐든지 말이다. 나를 불행하게 만들면 그게 누구든 '나쁜 놈'이라고 선언해 버린다. "지 좋은 대로 하고 사는구먼." 하는 남들의 손가락질도 불사한다. 이런 추세라 책 제목들도 상당히 과감해졌다. 〈남편이 죽어버렸으면 좋겠다〉고바야시 미키 저, 북폴리오 발행, 〈쌍년의 미학〉민서영 저, 위즈덤하우스 발행 등이 그러하다. 과거에는 책 제목으로 감히 사용할 수 없었던 단어들이 위풍당당하게 등장하고 있다. '욕을 먹더라도 내 마음 가는 대로 살겠다'는 선언인 것이다.

## 독자가 사랑하는 제목/콘텐츠의 유형②
## 매력적인 캐릭터는 언제나 진리!

에세이 〈곰돌이 푸, 행복한 일은 매일 있어〉곰돌이 푸 원작, 알에이치코리아 발행는 2018년 교보문고와 예스24 모두 종합 베스트 1위의 도서이다. 주요 구매층이 20·30 여성으로 '행복한 일은 매일 있어'라는 제목에서 알 수 있듯이 만화 캐릭터가 전하는 따뜻한 위로와 행복의 메시지에 독자들이 반응했던 것으로 보인다.

만화 캐릭터를 소재로 한 에세이가 독자들의 사랑을 받아서인지 이런 에세이를 쓰고 싶다는 예비저자들의 문의를 많이 접하고 있다. 만화 캐릭터를 사용하려면 저작권 문제를 해결해야 해서 퍽 까다로우므로(만화 캐릭터를 소유한 저작권자 혹은 권리 주체가 '누구나'에게 사용 허락을 해 주는 게 아닌 데다 유명한 캐릭터는 저작권료도 만만찮음), 이 문제를 풀지 못하면 기획 자체를 달리하는 게 낫다.

2019년 연말을 뒤흔든 캐릭터는 펭수다. 2019년 4월 EBS에서 개발한 '우주대스타' 펭수가 남녀노소를 가리지 않고 폭발적인 사랑을 받고 있다. 펭수의 유튜브 구독자는 2019년 11월 말에 100만 명을 넘어섰다. 늘 모범적인 성향의 기존 캐릭터와 달리 솔직하고 당당하게 할 말을 다 하고, 열 살이라지만 40대의 감수성을 능히 소화하는 모습에서 어린이들보다 성인들이 더 열광하고 있다. 그런 펭수의 공식 굿즈가 없는 상태에서 에세이 다이어리 〈오늘도 펭수 내일도 펭수〉펭수 저, 놀 발행가 출간됐는데, 이 다이어리는 예약 판매만으로 10만 부를 넘어섰다.

한 시대를 풍미하는 캐릭터는 그 시대 대중의 마음을 반영한다. 이러한 캐릭터의 인기 요인을 분석하는 것은 내 콘텐츠를 차별화하여 기획하는 데에도 많은 도움이 될 수 있다.

## 독자가 사랑하는 제목/콘텐츠의 유형③ 구어체 표현

2018년에 많은 화제를 모았던 〈죽고 싶지만 떡볶이는 먹고 싶어〉백세희 저, 흔 발행, 2018 교보문고 종합 7위, 〈하마터면 열심히 살 뻔했다〉하완 저, 웅진지식하우스 발행, 2018년 교보문고 종합 22위,

〈지쳤거나 좋아하는 게 없거나〉글배우 저, 강한별 발행, 〈박막례, 이대로 죽을 순 없다〉박막례·김유라 저, 위즈덤하우스 발행는 구어체 유형의 제목이다. 에세이를 비롯해 많은 분야에서 구어체로 된 제목을 발견할 수 있다. 늘 입버릇처럼 하는 말로 제목을 짓는 것이므로, 독자들이 친근하게 느끼고 공감하기도 쉽다.

이 책들은 구어체라는 특징 외에도, 우리의 속마음을 잘 드러냈다는 장점이 있다. 사는 게 고달파 죽고 싶다가도 그래도 살아야지, 하는 삶의 의지를 '죽고 싶지만 떡볶이는 먹고 싶어'라는 표현으로 정리해 낸 건 정말 탁월하다. '하마터면 열심히 살 뻔했다'란 제목도 참 좋다. 열심히 살아라, 노력하면 성공할 거다, 라는 판에 박힌 교훈만 강조하는 세상에서 '그렇게 살아보니 좋지 않더라, 한 번쯤 내 마음대로 살고 싶다'라는 속내를 드러냈다. '지쳤거나 좋아하는 게 없거나'라는 제목 역시 내 모습을 근사하게 포장하지 않고 솔직 담백하게 표현한 형태다.

박막례 저자는 시니어 유튜버의 대표 주자로, 자신의 소소한 일상을 유튜브에 진정성 있게 담아내면서 많은 이들의 사랑을 받고 있다. 이 인기를 바탕으로 박막례 할머니의 손녀이자 채널 담당자인 김유라 PD와 책을 출간했는데, 삶에 대한 의지와 애정을 '이대로 죽을 순 없다'라는 제목으로 표현하여 독자들의 공감을 얻었다.

2019년에는 박막례 저자 외에도 〈쓰레기처럼 사랑하라〉김달 저, 비사이드 발행, 2019년 교보 종합 10위 〈흔한 남매〉흔한남매 저, 아이세움 발행 등과 같이 유튜브의 인기를 바탕으로 출간된 책들이 많았다. 유튜브와 TV에서 책 소개하는 프로그램들이 만들어지면서 방송에 나왔던 〈총, 균, 쇠〉재레드 다이아몬드 저, 문학사상사 발행, 〈넛지〉리처드 탈러, 캐스 선스타인 공저, 리더스북 발행, 〈내가 확실히 아는 것들〉오프라 윈프리 저, 북하우스 발행, 〈사피엔스〉유발 하라리 저, 김영사 발행 등의 판매량이 다시 증가하는 현상이 나타나기도 했다.

살면서 우리가 자주 하는 생각을 구어체 표현으로 한 줄 정리할 수 있다면 대중에게 큰 호응을 얻을 수 있다. 예비저자들이라면 대중의 바람과 필요를 연구해서 자신의 콘텐츠와 연계하고, 이를 한 줄의 구어체 표현으로 정리하는 훈련을 꼭 하기를 바란다.

## 독자가 사랑하는 제목 / 콘텐츠의 유형④
## 인문 철학, 대중 속으로

　과거에 소위 지식인의 전유물로 여겨졌던 인문/철학이 쉬운 언어로 풀이되어 대중에게 다가오고 있다. 2019 교보와 예스24 종합 5위 〈철학은 어떻게 삶의 무기가 되는가〉아마구치 슈 저, 다산초당 발행, 2019 예스24 종합 33위 〈역사의 쓸모〉최태성 저, 다산초당 발행, 〈을의 철학〉송수진 저, 한빛비즈 발행 등이 좋은 예시이다.

　〈철학은 어떻게 삶의 무기가 되는가〉와 〈역사의 쓸모〉는 인문 철학이 단지 학문으로만 머무르지 않고 우리의 삶에 적용할 수 있다는 사실을 제목으로 표현하고 있다. 나는 누구이고 어떻게 살아야 하는가, 이 명제에 대해 고민하는 사람들이라면 굉장히 공감할 수 있는 제목이다. 두 책 모두 현실 세계 속에서 우리가 품고 있는 궁금증에 대해 다양한 철학 이론과 역사적 사실을 적용하여 풀이해 주고 있다.

　〈을의 철학〉저자는 비정규직 노동자로 일하면서 겪었던 어려움을 철학으로 극복하고 위로받는 과정을 책으로 담아내 출간 당시 주목을 받았다. '을의 철학'이라는 한 줄의 제목으로 저자와 콘텐츠의 특징을 성공적으로 정의해 냈다. 이 책은 저자 자신의 경험을 깊이 있게 탐구하여 만든 콘텐츠는 대중에게 관심과 호기심을 불러일으킬 수 있다는 사실을 잘 보여 준다.


## 독자가 사랑하는 제목/콘텐츠의 유형⑤
## 변화하는 시대상 반영하기


우리 사회의 변화가 빠르게 진행되면서 세대차, 젠더, 새로운 가족상 등 다양한 이슈를 다룬 책들이 출간되고 있다. 교보문고 2019년 종합 베스트 4위인 〈90년대생이 온다〉임홍택 저, 웨일북 발행는 부제에서 표현했듯 '간단함, 병맛, 솔직함으로 기업의 흥망성쇠를 좌우하는' 90년대생을 분석한 내용이다. 〈90년대생 소비트렌드 2020〉곽나래 저, 더퀘스트 발행도 마찬가지다. 현재 주요 소비자층으로 떠오른 20대인 90년대생은 30·40세대와 또 다른 생각과 생활상을 갖고 있다. 기성세대들은 이들을 이해하기가 너무 힘들지만, 소비자로서의 이들을 공략하기 위해, 회사나 집에서 후배와 가족의 이름으로 함께 살아가기 위해 이들의 성향을 파악해야 한다. 그래서 이들을 분석하는 책들이 시장의 주목을 받고 있다.

〈여자 둘이 살고 있습니다〉김하나, 황선우 공저, 위즈덤하우스 발행 역시 달라진 사회의 단면을 보여 주는 책이다. 이름 그대로 여성 두 명이 한 집에서 가족으로 사는 삶을 담았는데, 책에서 이런 형태의 동거 관계를 표현하는 말은 '조립식 가족'이다. 기성세대는 가족을 만들려면 결혼을 해야 하고 가족 구성원은 아빠, 엄마, 아이라고 생각하지만, 1인 가구 540만 명의 시대에 이미 다양한 형태의 가족이 탄생하고 있다. 이 시대의 변화를 우리는 알아야 한다.

교보문고 2018년 베스트셀러 4위 〈82년생 김지영〉조남주 저, 민음사 발행은 2016년에 출간되어 꾸준한 사랑을 받고 있다. 2019년에 동명의 영화가 개봉하면서 책에 대한 관심과 함께 젠더 논쟁을 다시 불러일으켰다. 이 책은 30대 평범한 대한민국 여성의 모습을 너무나 잘 표현해 소설이라기보다 르포, 다큐 같다는 평가를 받았는데, 출판사에서 만든 이 책의 소개글 중에도 '공포, 피로, 당황, 놀람, 혼란, 좌절의 연속에 대한 한국 여자의 인생 현장 보고서'라는 내용이 있다.

중년층의 변화도 눈에 띈다. 〈트렌드 코리아 2020〉 김난도 외 8인 저, 미래의창 발행에서 '오팔세대'라는 이름으로 표현한, '신(新)중년' 베이비붐 세대가 시장을 움직이는 손으로 등장한 것이다. 오팔세대는 아직 출판 시장에서 주요 소비자층으로 자리매김하진 않았지만, 〈50부터는 인생관을 바꿔야 산다〉사이토 다카시 저, 센시오 발행, 〈오십, 중용이 필요한 시간〉신정근 저, 21세기북스 발행 등과 같이 행복하고 품위 있게 나이 드는 법을 주제로 한 책들이 꾸준히 발행되고 있다. 풍부한 연륜과 안정된 경제력을 바탕으로 하는 세대인 만큼 앞으로 충분히 멋진 활약을 보여 줄 것이라는 기대감이 든다.

제목은 그 책의 콘텐츠의 특징을 반영하고 있기에 제목을 분석하다 보면 책의 기획에 대한 아이디어도 얻을 수 있다. 자신의 강점 콘텐츠를 압축한 '한 줄 정리'를 만들어야 하는 예비저자들은 베스트셀러를 꾸준히 관찰하면서 어떤 점을 참고하면 좋을지 생각해 보아야 한다.

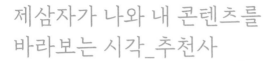

# 제삼자가 나와 내 콘텐츠를
# 바라보는 시각_추천사

"이 책은 ○○○님이 추천사를 쓰셨더라고요. 그분 굉장히 유명하시잖아요."

뒤표지에 들어간 추천사를 보고 책을 골랐다는 분의 말이다. 추천사는 표지에 으레 들어가는 콘텐츠 중 하나이다. 저자나 출판사가 아닌 제삼자의 시선에서 이 책의 장점을 소개하는 글이라 좀 더 '객관성'이 있다고 할 수 있다.

## 추천사의 목적, 제삼자의 입장에서
## 저자와 콘텐츠를 소개하기

추천사는 일반적으로 뒤표지(표4), 앞표지 하단부(혹은 띠지)에 자리하는데, 내지에 들어가기도 하고, 머리말 전후에 별도 페이지를 할애해서 넣기도 한다. 이렇게 들어가는 추천사는 머리말과 비슷한 길이거나, 아니면 다수의 인사들에게 짧은 추천사를 받아 한꺼번에 넣는 경우도 있다.

추천사는 본질적으로 표지의 카피와 목적(책 홍보)이 같아서 책의 특징을 설명하거나 저자의 매력을 부각하는 내용이 일반적이다. 책 표지에서 저자와 콘텐츠를 알리기 위한 목적의 글은 표지 카피, 저자 소개, 추천사 등 세 개인데 이중에서 표지글은 출판사 편집자가 작성하고, 저자 소개는 저자가, 추천사는 저자의 지인이 작성한다.

세 개의 글이 목적은 같으나 작성자가 다르기 때문에 글의 뉘앙스가 조금씩 다르다. 편집자는 시장적 관점에서 저자와 콘텐츠를 소개하는 글을 쓰고, 저자는 스스로를 봤을 때 가장 매력적이고 중요한 이력을 부각하는 글을 쓰고, 추천사는 제삼자의 눈에서 저자와 콘텐츠의 어떤 점이 좋은지를 살려서 쓴다. 그러니까 대중이 저자와 콘텐츠를 바라보는 시선을 알 수 있는 글이 추천사이다.

예를 들어 자녀들의 올바른 공부 습관을 잡아 주는 방법을 주제로 한 자녀교육서라면, 편집자는 이 공부 방법으로 많은 학생들이 좋은 입시 결과를 얻었다는 점을 부각하는 카피를 작성할 것이다. 이것이 시장에서 공부법 책을 필요로 하는 이유이기 때문이다. 저자는 자신이 우등생의 공부 습관을 잘 알고 있고 입시 코칭 경험도 풍부한 전문가라는 점을 부각하는 저자 소개를 작성할 것이다.

그렇다면 이 책의 추천사는 어떤 내용이 될까? 공부 때문에 늘 자녀와 다툼과 갈등이 있었는데 이 책의 공부법을 사용한 후부터 스트레스가 줄어들었다는 후기를 담을 수도 있고, 부모의 믿음과 신뢰가 있어야 아이가 자기 할 일을 스스로 알아서 하는 습관을 갖게 된다는 깨달음을 담을 수도 있다. 혹은 이 책의 저자가 진심으로 사랑을 담아 아이들을 코칭하는 전문가라는 사실을 담은 추천사도 나올 수 있겠다. 대중의 입장에서 이 책의 저자와 콘텐츠에 신뢰와 호감을 가질 만한 내용을 표현하기에, 어찌 보면 추천사는 카피보다 좀 더 다양한 색깔로 구성된다.

예비저자들은 기존 도서들의 추천사를 살펴보면서 해당 주제에 대하여 대중은 어떤 호기심과 궁금증, 욕구를 가지고 있는지, 어떤 전문가와 콘텐츠를 원하고 있는지 알아볼 수 있다. 아울러 나중에 자신은 누구에게 추천사를 부탁하면 좋을지 생각해 보는 것도 좋겠다. 추천사는 저자와 콘텐츠의 신뢰감을 더해 준다는 면에서 의미가 있다. 나와 내 콘텐츠의 공신력을 뒷받침해 줄 수 있는 사람이 누구인지 생각해 보자. 반드시 유명한 사람이 아니어도 되는데 책의 콘텐츠와 직접적인 연관성이 있는 분이면 된다. 자녀교육서라면, 학부모가 추천사를 써도 무방하다.

추천사를 부탁할 때에는, 먼저 당사자에게 책에 대한 설명을 하고 기획안과 원고를 메일로 보내면 된다. 원고를 다 읽고 써 주는 경우도 있다. 자신의 이름을 걸고 추천하는 만큼 정성과 마음을 다해 주는 것이다. 하지만 대개 시간적 여유가 많지 않아서 원고를 읽고 써 주기까지가 쉽지 않다. 그래서 저자에게 추천사 원고를 써서 달라고 요청하는 경우가 많다. 저자가 직접 작성해도 좋고, 출판사에 도움을 청하면 원고를 만들어 주기도 한다. 이렇게 되면 편집자는 최대한 제삼자임을 가정하여 객관적 입장에서 추천사 원고를 작성한다.

예비저자들은 추천사가 책 판매에 도움이 될 거라고 기대하지만 현실은 그렇지 않다. 대중으로부터 어마어마한 사랑을 받는 분이라 그분이 추천하는 건 뭐든지 다 잘 팔릴 정도라면 모르겠지만, 그런 경우는 극소수에 불과하다. 추천사가 책 판매에 미치는 영향은 없다고 봐야 한다. 물론 추천사를 써 준 인물이 대중적으로 잘 알려진 유명인이라면 책에 대한 독자들의 호감이 더 커질 수도 있다.

그럼에도 추천사를 책 표지에 넣는 것은, 추천사를 통해 '최대한 객관적으로' 이 책과 저자의 장점을 대중에게 알릴 수 있기 때문이다. 독자 입장에서 본다면, 출판사나 저자보다는 좀 더 객관적 입장인 제삼자의 평가를 더 신뢰할 수 있는 것이다.

　저자들이 간혹 생뚱맞은 사람에게 추천사를 부탁하는 경우가 있다. 저자가 자신과의 친분을 고려하여 책의 콘텐츠와 무관한 사람에게 추천사를 의뢰하는 것이다. 독자 입장에서는 자칫 책에 대한 신뢰감이 떨어질 수도 있으니 신중하게 고려하는 게 좋다.

# 대중에게 나를 어떻게 소개할까?
## _저자 소개

"많은 사람 앞에서 당신을 소개한다면, 뭐라고 말하고 싶으신가요?"

만약 이런 질문을 받게 된다면 선뜻 답할 수 있는 사람이 있을까? 모르는 사람들 앞에서 나를 소개할 기회가 별로 없었으니 갑자기 이런 기회를 얻는다 해도 뭐라고 말해야 할지 참 난처할 것 같다.

그래서일까? 책날개(표2)에 들어갈 저자 소개 작성을 요청하면 이력서를 보내는 저자들도 있다. 이력서와 저자 소개글은 성질이 다른데 말이다. 저자 소개를 이렇게 해 주세요, 하는 차원에서 기존 책들의 저자 소개글을 보여 드리면 "으윽, 어떻게 이렇게 써요. 낯간지럽게.", "나

는 이런 식으로 쓸 만한 얘기가 없는데요." 등의 반응이
돌아온다.


## "나는 이런 사람이에요."라고
## 독자에게 알려 주기


　책날개에 수록된 저자 소개를 눈여겨봐야 하는 이유
가 있다. 불특정 다수의 대중에게 나를 소개하는 방법을
알 수 있기 때문이다. 저자 소개는 독자들이 책을 최초로
탐색하는 단계에서 읽는 텍스트이다. 독자들은 저자에
대한 호기심을 느껴야 책을 보기 때문에 저자 소개는 매
우 중요하다. 기존의 도서들을 살펴보면서, 나를 모르는
사람들 앞에서 '나의 무엇'을 소개하면 좋을지를 고민해
보면 좋겠다.


**예시 1**

어린 시절 부모님의 사업 실패로 지독한 가난을 체험했
다. ○○○ 대학교에서 경제학을 전공하면서, 많은 아르

바이트를 통해 밥벌이의 어려움을 깨닫고 학교 졸업 후 곧장 취업해서 직장 생활을 했다. 하지만 아무리 일해도 월급만으로 부자가 되기 어렵다는 현실을 깨닫고 재테크를 시작했다. 재테크 서적들을 닥치는 대로 읽고 유명한 전문가들의 강연도 힘이 닿는 한 따라다니며 공부를 거듭했다. 부동산과 주식, 가상화폐 등 남들이 한다는 투자에 모두 뛰어들었고 숱한 성공과 실패를 겪었다. 이 책에는 왕초보에서 현재 잘나가는 투자자의 반열에 오른 그의 비법이 고스란히 담겨 있다.

저자 소개글은 독자들이 저자에 대한 호기심을 느낄 수 있도록, 그리고 콘텐츠에 대한 관심과 전문성이 잘 드러날 수 있도록 구성되어야 한다. 위의 글은 가상으로 작성해 본 재테크 분야 저자의 소개글이다. 단순한 이력서 같은 방식이 아니라, '경제경영〉재테크' 분야의 정체성에 맞춰서 저자의 삶이 정리되어 있음을 확인할 수 있다.

또한 '날 때부터 잘난 나'라는 느낌보다는 '숱한 실패와 성공을 반복하며 지금은 나아진 나'라고 소개하는 것이 대중의 공감을 획득하기에 더 유리하다. 독자들은 평범한(혹은 지독한 어려움에 빠진) 사람이 노력을 통해 성공했다는 사실을 확인하면 용기를 얻는다. '노력한 사람이 성공한다'는 공식은 이제 식상한 코드라고 하지만, 그럼에도 사람들이 가장 바라는 바이기도 하다.

**예시 2**

SNS에서도 많은 팬을 확보하였으며 그가 운영하는 팟캐스트 '○○○'는 항상 부동산 재테크 분야 청취율 5위 내를 유지하고 있다.

**예시 3**

저자는 현재 500개 이상의 국내 및 외국계 기업들에게 경영 컨설팅을 하고 있으며, 공공기관과 대학교 등이 선호하는 명강사로 활동하고 있다.

기획부터 출간에 이르기까지의 과정에서 예비저자들은 총 2회에 걸쳐 자기소개글을 작성한다. 한 번은 출간기획안에 넣기 위해서, 두 번째는 책날개에 넣기 위해서이다. 출간기획안에 저자 소개가 있어도 출판사들은 다시 프로필을 요청하는 게 일반적이다.

초보저자의 출간기획안을 검토하는 출판사들은 기성저자들 때보다 좀 더 생각이 많아진다. 콘텐츠가 좋아 출판하고 싶은데 독자들이 많이 사랑해 줄까 하는 불안한 생각을 끊임없이 하게 되는 것이다. 그 저자에 대한 시장의 반응을 본 적이 없으니 당연한 마음이 아닐까 싶다. 독자들도 마찬가지다. 기존에 알고 있는 저자들의 책을 사는 건 어렵지 않지만, 처음 알게 된 저자의 책을 사려면 요모조모 살펴보게 된다. 저자의 전문성에 대한 믿음이 가지 않으면 책을 사기 어렵다.

그래서 저자 소개글에는 저자의 매력이 충분히 담겨 있어야 한다. 이러한 책을 능히 쓸 만한 전문성이 있고, 따뜻한 가슴이 있어 사람들에게 좋은 영향을 미치고 싶다는 바람을 솔직 담백하게 담아내는 거다. 또한 요즘은 SNS 활동을 많이 하니까 그에 관한 내용도 있으면 좋고, 강연 활동을 하는 강사라면 그 내용도 좋다. 출판사들은 저자가 콘텐츠와 관련되어 활발하게 대외 활동을 하고 있다는 느낌을 아무래도 더 선호한다. 그래야 책 홍보에 도움이 되기 때문이다. 이런 내용은 독자들에게도 유용하다. 독자들 역시 저자가 콘텐츠에 대한 끊임없는 탐구와 활동을 하는 걸 좋아할 테니까.

### 예시 4

이래라저래라 하는 말을 듣기 싫어서 남들에게도 그런 말을 안 하는 사람. 왜 자꾸 열심히 살라는지, 목표를 잡으라고 하는지 이해할 수 없다. 그런 거 없이 오늘 하루 즐겁게 살면 되지 않을까 싶은데, 소심해서 입 밖으로 내지는 못한다. 낯가려서 사람 만나는 것도 힘든데, 남의 얘기를 잘 들어주다 보니 주변에 사람들이 모이고 말을 나누게 되었다. 덕분에 이 책도 썼다. 이 책은 숱한 우리의 고민에 가만히 고개를 끄덕이며 맞장구를 쳐 주는 내용이다.

위의 예시는 에세이 분야 저자 소개를 가정하여 작성해 본 것이다. 독자들에게 일정한 정보를 제공하는 목적인 실용 도서들은 콘텐츠에 대한 저자의 전문성과 경험을 부각하는 방식으로 구성되지만, 에세이의 성향은 조금 다르다. 저자의 꾸밈없이 진솔한 모습을 드러내어 인간적 매력을 부각하는 편이다. 물론 요즘에는 전반적으로 '저자의 전문성과 인간적 매력을 혼합한 방식'의 저자 소개가 많다.

예비저자들이 많이 착각하는 것 중 하나가, 독자들이 자신을 이미 알고 있다는 전제하에서 글을 쓴다는 것이다. 대중적으로 인지도가 높은 경우가 아니라면, 아무리 해당 업계에서 명성이 자자하더라도 대중은 모르는 경우가 많다. 그러니 자신을 모르는 사람이 책을 읽는다는 것을 전제하고 써야 한다. 일면식도 없는 사람에게 나와 나의 콘텐츠를 어떤 방식으로 소개하면 좋을지를 기존 책들에서 배워야 한다.

### 예비저자 질문 톡톡

## 주제를 찾지 못해 여전히 고민이라면?

"책을 쓰고 싶긴 한데, 뭘 쓰지?"

많은 예비저자들의 고민이다. 이럴 때 저자 소개가 참고 자료가 될 수 있다. 기존 책들의 저자 소개를 훑어보면서 나와 비슷한 이력/경험을 가진 사람을 찾아보자. 그분의 첫 번째 책, 두 번째 책, 세 번째 책 등을 쭉 살펴보면서 어떤 주제를 다루고 발전시켜 나갔는지 보는 거다. 나와 닮은꼴이기 때문에 그를 통해 내 책에 대한 실마리를 잡을 수도 있다.

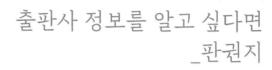

# 출판사 정보를 알고 싶다면
## _판권지

"○○ 출판사에 투고하고 싶은데, 아는 사람이 없어서 고민이에요."

어느 예비저자의 말이다. 자신이 준비한 아이템이 너무 좋아서 유명 출판사에 도전해 보고 싶은데, 소위 말하는 '연줄'이 있으면 얼마나 좋겠냐는 것이다. 물론 유명 출판사와 친분이 있어서 기획안을 보낼 수 있다면 좋겠지만, 출판사의 공식적인 투고 메일을 사용해도 잘 검토해 준다. 편집자들은 바쁘긴 해도 투고된 기획안과 원고들을 살펴보는 데 일정 시간을 할애한다. 출판사 편집자들은 언제나 새로운 저자를 발굴하는 데 관심이 많다.

친분으로 접수되었든, 투고 메일을 통해서 들어오든

편집자들은 차별 없이 검토한다. 편집자들이 매우 공명 정대하다는 자랑이 아니라, 냉정해서이다. 책을 잘 만드는 데 생계가 달려 있는데 친분이 있다고 잘 봐줄 여유를 감히 부릴 수 없다.


## 어떤 출판사들이 있는지 알고 싶다면…


"출판사에 투고해 보고 싶은데, 어떻게 해야 해요?"

출판사들 중에 대중에 문을 걸어 잠근 곳은 한 곳도 없다. 당연히 독자와 저자를 만날 수 있는 창구를 가지고 있다. 포털사이트에서 출판사 이름을 입력하면 출판사 블로그나 홈페이지가 나온다. 대개 출판사들은 자신들의 SNS에 원고 투고 메일을 공개하고 있으니, 그 주소로 출간기획안을 보내면 된다.

"제 아이템을 어떤 출판사에 투고하면 좋을지 모르겠어요."

해당 분야에서 책을 잘 만드는 출판사를 알고 싶어 하는 예비저자들이 많다. 이는 오프라인 서점에 직접 방문해서 해당 코너 매대에서 확인하거나, 아니면 인터넷 서점에서도 손쉽게 확인할 수 있다.

인터넷서점의 해당 분야에 들어가 보면 도서가 쭉 나열된다. 거기에 출판사들 이름이 다 나와 있다. 기획이 좋고 책 디자인도 잘 만든 출판사들 이름을 확인한 다음에, 포털 사이트에서 출판사 이름을 입력하면 출판사 블로그나 홈페이지가 나올 것이다. 거기에서 투고 메일을 확인하면 된다.

출판사에 대해 좀 더 알고 싶다면 책의 판권지를 살펴보면 좋다. 판권지에는 출판사의 기본 정보가 집약적으로 정리되어 있다. 판권지는 내지 앞쪽이나 아니면 아예 뒤쪽에 위치한다. 투고 메일뿐 아니라 출판사 주소와 연락처, SNS 주소, 편집팀과 마케팅팀 등 출판사 조직, 그 출판사가 어떤 출판사의 브랜드인지, 그 책을 몇 번 찍었는지 등의 정보가 모두 들어 있다. 그래서 편집자들도 낯선 출판사가 시장에 등장하면 정보를 알고 싶어 판권지를 찾아본다. 평소 출판사에 대해 궁금한 예비저자라면 집에 꽂혀 있는 책들의 판권지만 살펴봐도 생각보다 많은 정보를 얻을 수 있을 것이다.

# 판권지에서 눈여겨볼 내용은?

**신나는 내 인생**

2019년 12월 30일 초판 1쇄 발행 ·········································· ①
2020년  3월 10일 초판 2쇄 발행

**지은이**  홍길동
**발행인**  전우치
**편집팀**  김OO, 홍OO, 박OO
**디자인팀**  이OO, 양OO, 배OO
**마케팅팀**  문OO, 손OO, 김OO

**펴낸곳**  신나는출판사
**출판등록**  제OOO-OOOO-OOO호 (OOOO년 OO월 O일)
**주소**  OO시 OO구 OOO로 123 OO빌딩 1층
**전화**  OOOO-OOOO(편집·투고)  OOOO-OOOO(마케팅)  **팩스**  OOOO-OOOO
**이메일**  aaa@aaa.co.kr (편집·원고 투고) ····························· ②
**블로그**            **페이스북**

신나는 출판사는 ㈜책이좋아 출판사의 출판 브랜드입니다. ················ ③
이 책은 저작권법에 따라 보호받는 저작물이므로 무단 전재와 무단 복제를 금합니다.
이 책의 전부 또는 일부를 인용하려면 반드시 저작권자와 출판사의 서면 동의를 받아야 합니다.

## ① 판과 쇄 이해하기

옛날에는 책을 만들 때 판 위에 활자를 하나하나 조
판하여 만들었고 여기에 잉크를 발라 인쇄했다. 이 때문
에 판이라는 개념이 생겼는데, 요즘은 CTP파일로 만들

어 바로 인쇄하는 방식이라 과거와 같은 판이 존재하진 않지만, 의미가 통하기 때문에 계속 사용하고 있다. 처음 책을 만들면 1판(초판)이라고 하고, 여기서 내용을 부분적으로 수정하면 2판이 된다. 초판에서 오탈자 고치는 정도로 판이 바뀌었다고 하지 않고, 내용상 변동이 있는 경우를 '판이 바뀌었다(개정)'고 본다.

쇄는 말 그대로 책을 찍는다는 개념인데, 한 번 찍을 때마다 숫자가 늘어난다. 처음 책을 만들었을 때 1판(초판) 1쇄라고 하고, 두 번째 찍으면 2쇄가 된다. 일반적인 상업출판에서 1쇄가 2,000~3,000부이니까, 2쇄라면 3,000부 이상 찍었다고 볼 수 있다. 쇄의 숫자를 보면 그 책이 얼마나 잘 팔렸는지를 알 수 있는데, 숫자가 클수록 독자들로부터 많은 사랑을 받았다고 할 수 있다.


## ② 투고 메일 확인하기

판권지에 있는 투고 메일로 출간기획안을 보내면 된다. 메일에 단순한 인사말만 쓰지 말고 아이템과 저자에 대한 간략한 소개를 기록해 두면, 편집자들이 메일을 여는 순간 주요 내용을 확인할 수 있어 좋다.

### ③ 출판사 브랜드 확인하기

요즘은 한 출판사가 여러 개의 출판 브랜드를 가지고 있는 추세이다. 임프린트를 두고 있는 출판사도 적지 않다. 임프린트란 출판사가 투자해서 만든 자회사라고 할 수 있다. 일정 기간 일정 비용을 투자받아서 목표한 수익과 성과를 내면 지속되고, 그렇지 않은 경우는 문을 닫게 된다. 그래서 어느새 사라지는 임프린트들도 있지만, 많은 독자들의 사랑을 받은 작품을 만든 실력 있는 곳들도 적지 않다.

독자들은 신생 출판사로 알았는데 알고 보니 유명 출판사의 브랜드이거나 임프린트인 경우가 있다. 이러한 정보들도 판권지에서 확인할 수 있으니, 좋은 출판사를 알고 싶은 예비저자들은 판권지를 눈여겨보기 바란다.

# 책 사용설명서 _머리말

상처 요정 두 명이 상처약국으로 들어와 약을 챙긴다. 한 요정은 바르는 마데카솔을, 다른 요정은 뿌리는 마데카솔을 챙긴다. 이들은 '상처엔 솔솔, 진물엔 톡톡'이라고 외친다. 바로 '마데카솔' 광고이다.

대중이 쉽게 이해할 수 있도록 약품의 특징을 카피를 통해 한 줄로 알려 주지만, 약품의 효능과 효과를 나타내는 사용설명서는 카피보다 훨씬 길다. 어떨 때 이 약품을 쓰는 게 좋은지, 하루에 몇 번 사용할 수 있는지, 어떨 때는 쓰면 안 되는지 혹은 부작용이나 주의 사항은 없는지 등에 대한 설명이 작은 종이를 메운다. 소비자들은 사용설명서를 통해 광고 카피보다 훨씬 더 구체적인 약품 정보를 얻을 수 있다.

책에서도 이런 제품 사용설명서와 같은 성질의 글이 있다. 바로 머리말이다. 머리말은 책의 앞부분에 저자가 이 책을 왜 집필했는지(목적) 쓰고 책 내용을 간략히 요약한 글로, 분량은 책 편집상 2~4페이지가 일반적이다. A4 기준으로 1~1.5페이지 정도다. 독자들은 머리말을 통해 저자와 이 책의 콘텐츠를 구체적으로 파악한다. 예비저자들은 기존 도서들의 머리말을 많이 살펴보면서 나라면 어떤 내용으로 쓰면 좋을지를 생각해 봐야 한다.

## 독자들이 이해하기 쉬운 머리말 스타일을 파악하자

표지글은 독자들에게 책의 성격을 알려 주는 최초의 글로서, 편집자들이 작성한다. 머리말은 독자들에게 책의 성격을 알려 주기 위해 저자가 작성한 글이다. 표지글보다 분량이 많으니 좀 더 많은 정보가 들어 있다. 목적성이 워낙 뚜렷한 만큼, 책마다 머리말을 살펴보면 내용을 구성하는 방식이 크게 다르지 않다.


**머리말에 들어 있는 주요 내용**

- 이 책은 독자들의 ~한 관심사/고민을 다루고 있어요.
- 나는 그 관심사/고민을 풀어 보기 위해 이것저것 궁리를 많이 했고 체험도 많아요.
- 이 책은 주로 ~한 내용을 담고 있어요.
- 이 책을 보신 독자들은 앞으로 ~하게 달라질 겁니다.


머리말은 이 책이 어떤 주제를 다루고 있는지 담고 있다. 주제를 직접 언급하기도 하고, 주제와 관련된 사람들의 일련의 행동, 사회적인 현상 등을 먼저 던짐으로써 주제를 풀어내기도 한다.


**예시 1**

"이렇게 아파트가 많은데 왜 내 집은 없는 거지?"
인구는 줄어드는데 주택 공급이 과잉이라고 합니다. 언젠간 집값이 떨어질 거라는 말에 계속 기다렸습니다. 집은 소유하는 게 아니고 앞으로는 빌려서 사는 시대가 될 거라는 말도 믿었습니다. 하지만 집값은 하늘 높은 줄 모르게 올라가고 어찌어찌하다 보니 내 집 마련의 타이밍을 놓쳐 버린 것 같아 불안하기만 합니다.

위의 예시는 부동산 도서 머리말이라고 가정하여 작성한 것이다. 부동산에 대한 사람들의 고민과 불안감으로 시작했는데, 이처럼 책 주제와 관련된 사람들의 보편적인 고민, 이야깃거리를 화두로 삼으면 독자들이 쉽게 공감할 수 있으므로 꽤 효과적인 도입부라 할 수 있다.

**예시 2**

저도 그랬습니다. 부동산에 대한 이런저런 얘기를 들을 때마다 참 혼란스럽더라고요. 하지만 분명한 건 나와 내 가족이 편하게 살기 위한 '집 한 채'는 꼭 필요하다는 것이었어요. 어릴 때부터 가정이 넉넉하진 않아서 잦은 이사를 다녔고, 반지하 월세방으로 시작한 결혼 생활까지, 집은 제 삶을 좌우한 큰 주제였어요. 큰 욕심 없이 그저 가족과 함께 행복하게 살고 싶었을 뿐인데, 사는 건 왜 이렇게 힘들었던 걸까요? 월세보증금을 떼이거나, 집주인의 갑질에 시달릴 때도 많았고, 매번 자의가 아닌 타의에 의해 이사를 가면서 안정적인 보금자리의 필요성을 뼈저리게 깨달았습니다.

'나와 내 가족이 편하게 몸을 누일 수 있는 집을 마련하고 말겠어!'

부동산에 뛰어들면서 수중의 돈은 고작 500만 원이 전부였고 처음엔 잘 몰라서 숱한 실패를 겪었습니다. 그럴수록 더 열심히 공부하고 현장을 뛰어다녔습니다. 유명한 강의와 세미나는 다 쫓아다녔죠. 그렇게 열심히 노력한 지 5년이 지나면서 조금씩 제 소원을 이룰 수 있었습니다. 생애 첫 집을 장만하고 남편과 부둥켜안고 울었던 일이 엊그제 같은데 이제는 어엿한 부동산 전문가 소리를 듣게 되었으니까요.

예시1에 이어서 작성한 것이다. 이처럼 콘텐츠와 관련한 저자의 전문성은 꼭 학벌이나 유학 등의 경험이 아니어도 된다. 책 주제가 자신이 얼마나 절실하게 매달리고 노력한 것이었고, 그 결과 어떤 성과를 이루었는지, 오늘날 어떻게 살아가고 앞으로 어떻게 살아갈 계획인지를 풀어 주면 그것이야말로 호소력 있는 저자의 전문성이 된다. 경험과 철학을 간결하게 기술해 내면 되는 것이다.

**예시 3**

특히 이 책에서는 부동산 명도 소송에 대한 정보를 깊이 있게 다루었습니다. 경매를 어렵게 생각하는 이유 중 하나가 명도 때문인데요. 소송의 절차부터 비용, 집행, 점유자와 합의에 이르는 노하우 등 제가 경험한 것들을 꼼꼼하게 기록했습니다.

책의 주요 내용을 간추려서 넣으면 독자들이 책을 이해하는 데 도움이 된다. 그중에서도 특히 강점이 되는 걸 드러내 보여 주면 독자들이 책에 대한 관심을 좀 더 느낄 수 있다.

저처럼 내 집 장만을 꼭 하고 싶은 초보 투자가들, 월급만으로는 부족하다고 위기감을 느끼는 직장인들에게 부동산 투자에 대한 A부터 Z까지 친절하게 알려 드릴 것입니다. 이 책을 보신 독자들은 내 집 장만으로 시작하여, 안정적인 노후 준비까지 기대할 수 있을 것입니다.

머리말에는 이 책을 꼭 봐야 하는 독자에 대한 표현이 들어 있다. 독자의 범위는 폭넓게 잡는 게 좋다. 초보자, 직장인, 개인, 기업, 20·40, 30·40 등이 많이 쓰이는 표현인데, 이처럼 간단히 언급하는 것보다 예시4처럼 그 주제와 관련된 '독자의 모습'을 표현해 내면 독자들이 정말 자신을 위한 책이라고 인식할 수 있을 것이다. 또한 독자들이 이 책을 읽음으로 인하여 어떻게 달라질 것인지에 대해서, 출발점과 궁극적인 목표를 나눠서 점진적으로 표현하는 것이 좋다. '초보자에서 베테랑(고수)'이 일반적으로 저자들이 머리말에서 제시하는 독자의 변화이다.

정리하자면, 저자가 본문을 최대한 압축하고 요약해서 쓴 글이 머리말이다. 압축과 요약은 길게 풀어서 설명하는 것보다 더 난이도가 있는 기술이다. 하지만 예비저자들은 자신의 콘텐츠를 요약해서 설명해야 하는 순간이 많다. 머리말이 그렇고, 강연이 그러하다. 그래서 압축/요약 쓰기 기술을 잘 익혀 둔다면 여러모로 유용할 것이다. 다른 이들의 머리말을 보면서 나의 콘텐츠를 효과적으로 압축해서 정리하는 방법을 배워 보자.

# 킬러 콘텐츠가 보이는가?
## _목차

목차는 독자, 저자 모두에게 중요하다. 독자들은 목차를 통해 책의 세부 구조를 파악한다. 이 책이 어떤 내용을 담고 있는지를 구체적으로 알게 된다. 목차를 살펴보다가 흥미로운 꼭지 제목을 발견하면 그 페이지를 바로 찾아서 읽는데, 이때 내용이 마음에 들면 책을 구입하게 된다. 책의 세부 내용을 알려 주면서 독자가 본문으로 직접 찾아 들어올 수 있도록 유혹하는 역할을 하는 것이 목차이다.

# 목차, 많이 살펴볼수록 좋다!

예비저자들은 기존 도서들의 목차를 최대한 많이 보는 게 좋다. 최소한 30~40권 이상 목차를 살펴보길 추천한다. 너무 많은 권수라 여길 수도 있으나 그렇지 않다. 저자는 책이라는 상품을 개발하는 사람이다. 콘텐츠 개발자 혹은 기획자로서 그 정도의 시장 조사도 하지 않고서 참신한 기획을 하기는 어렵다. 저자가 제목을 통해 제시한 핵심 주제가, 목차에서 어떻게 구현되는지를 살펴보아야 한다.

**말 잘하는 사람들의 비밀** ·············································책 제목

1. **왜 내가 말하면 사람들이 듣지 않을까?** ························· 장/챕터
   도무지 무슨 뜻인지 못 알아듣겠다고요
   "목소리가 왜 그래, 조금만 더 크게 말해 봐." ······························ 꼭지
   기껏 맞장구쳤는데 반응이 왜 저럴까?
   상대가 원하는 건 잔소리가 아니라 공감

2. **사람들에게 호감을 주는 대화법**
   ··································
   ··································
   ··································
   ··································

3. **결국은 자신감이다!**
   ··································
   ··································
   ··································
   ··································

자기계발 분야 대화법 도서의 목차 일부를 작성해 보았다. 일정한 정보 전달을 목적으로 한 실용서들의 목차 구조를 간단히 설명하면, 책 제목을 챕터(혹은 장) 제목이 받쳐 주고, 챕터 제목을 꼭지들이 받쳐 주는 형태이다. 여기서 꼭지는 '큰 제목을 달고 있는 가장 작은 단위의 글'로서, 일반적으로 챕터의 하위 구조이다.

책 제목에서 알 수 있듯이, 이 책은 말을 잘하는 방법을 담고 있다. 도입부인 1챕터에서 일반적으로 사람들이 말을 하는 방식에서의 문제점을 진단하고, 2챕터에서 이 책의 가장 중요한 정보인 '어떻게 말을 해야 하는가?'를 담고, 3챕터에서 주제와 연관된 내용으로 마무리했다. 마지막 챕터인 3챕터에서는 주제를 다시 한 번 강조하거나 동기부여하는 내용이 포함된다.

- 책 제목 : 저자가 독자에게 제시하는 핵심 주제/메시지
- 챕터 : 핵심 주제/메시지를 구현하는 방법 혹은 설명하는 개념
- 꼭지 : 챕터 제목에서 표현된 주제/메시지를 구현

하는 방법 혹은 설명하는 개념

기존 도서들의 목차를 보면서 책 제목과 챕터, 꼭지 간의 논리적 연계성을 살펴보고, 나의 핵심 주제와 연계해서 나라면 어떻게 목차를 짜면 좋을지를 생각해 보자. 그리고 해당 주제와 관련되어 반드시 다뤄야 할 '기본 정보'와 나의 '차별화된 콘텐츠'를 어떻게 배치하면 좋을지 고민해 보자.

## 매력적인 목차, 기본 플러스알파(α)

가끔 예비저자들로부터 이런 말을 듣는다.

"다른 책에 다 있는 내용은 쓰기 싫고요. 저는 거기에 없는 내용을 쓰고 싶어요."

물론 내 책을 차별화된 콘텐츠로 구성하는 건 매우 중요하다. 저자라면 누구나 고민하여 자신의 차별화된 콘텐츠를 찾아내야 한다. 하지만 책의 내용을 다른 책들과 100% 다르게 쓰겠다는 목표를 세울 필요는 없다. 불가능하기 때문이다. 적어도 실용서에서는 말이다. 왜 그 럴까?

'하늘 아래 새로운 얘기가 과연 있을까'를 생각해 보 면 금방 답이 나온다. 내가 공부하고 연구했다는 이론도 다른 사람에게 배워서 알게 된 것들이 많다. 어떤 학문이 든 아주 오래전부터 지금까지 숱한 사람들이 연구 발전 시켜 나가면서 거대한 흐름을 이루기에 나만이 독자적 으로 개발했다고 말하기 어렵다. 그러니 어떻게 내 책이 다른 책과 100% 다를 수가 있겠는가. 100% 참신한 내용 으로 쓰겠다고 시간을 길게 끌어 봐야 차별화에 성공하 지 못하고, 저자의 의욕이 반감되고, 출간 타이밍만 놓칠 뿐이다.

저자가 지금까지의 최선을 담아낸다는 마음에서 책 을 집필하면 된다. 완벽하지 않더라도 최선을 다해 책을 썼다면 그것으로 족하지 않을까. 최선이지, 최고일 수는 없다. 콘텐츠 개발을 위해 매우 치열하게, 최선을 다해 노력하되, 무조건 최고여야 한다는 막연한 기대감은 갖 지 않는 게 좋다는 의미이다.

그런 차원에서 실용서의 목차는 '기본 콘텐츠+킬러

콘텐츠(α)'인 게 좋다. 여기서 기본 콘텐츠란 그 주제와 관련하여 반드시 다뤄야 하는 정보를 말한다. 기본 콘텐츠가 다른 책에 많다고 해서 "아, 그건 다른 책에서 찾아보세요."라고 말할 수 없다. 독자는 책 한 권을 통해 문제를 해결하기 원하며, 더 깊이 있는 공부를 하고자 할 때 다른 책을 찾는 것이다. 독자에게 이 책 저 책을 통해 기본 콘텐츠를 수집하게 해서는 안 된다.

기본 콘텐츠를 정리한 토대 위에 참신하고 차별화된 정보를 배치해야 한다. 이를테면 부동산 투자를 위한 기본 상식을 정리한 후, 전문가로서 추천하는 지역이나 물건을 제시하는 거다. 저자가 자신의 경험과 연륜을 잘 투영하여 정리한 정보가 킬러 콘텐츠라고 할 수 있다.

실제 예를 살펴보자. 2018년 출간되어 2019년 예스24 종합 베스트 2위에 오른 〈공부머리 독서법〉최승필 저, 책구루 발행은 공부머리를 만들어 주는 독서법에 대한 책이다. 독서가 인간의 능력을 개발하는 데 많은 도움이 된다는 걸 알려 주는 책들은 많은데, 이 책은 목차를 보면 알 수 있듯이 특히 언어 능력, 읽기 능력과 이야기책에 주목했다. 언어 능력이 공부머리를 키우는 데 중요한 요소이며, 이를 위해 이야기책을 읽으라고 권유하고 아이의 학년과 수준에 맞는 독서법을 제시하고 있다. 이것이 독서교육 전문가인 저자의 경험을 기반으로 만들어진 콘텐츠이자 독자들을 사로잡는 킬러 콘텐츠라고 할 수 있다. 목차에서 킬러 콘텐츠가 분명하게 보이면 독자들은 그 책을 사고 싶은 마음을 강하게 느낀다.

차별성, 참신성을 고민하는 저자들은 기존의 도서 목차를 살펴보면서 어떤 내용이 유난히 도드라져 보이는가를 찾아보아야 한다. 그리고 자신의 경험에 기반하여 나라면 어떤 차별화 포인트를 만들 수 있는지를 반드시 생각해 보아야 한다.

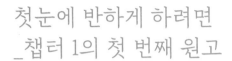

# 첫눈에 반하게 하려면
## _챕터 1의 첫 번째 원고

1챕터의 첫 번째 꼭지(편의상 1-1이라고 표기하겠음)는 저자가 가장 먼저 쓰는 본문 내용이자, 독자 입장에서 본문 중 가장 먼저 만나는 내용이다. 저자가 책 전체에 걸쳐 전하고자 하는 핵심 메시지를 담고 있으면서, 독자에게 책에 대한 기대감을 갖게 해 주고 저자에 대한 호감도를 높이는 여러 가지 역할을 수행한다. 독자들은 본문 중 마음에 드는 꼭지를 발견하고 책을 사더라도 읽을 때는 누구나 1-1부터 읽기 시작한다. 그래서 독자를 첫눈에 사로잡고 싶다면 여러 책들의 1-1을 살펴보고 연구하는 게 필요하다.

# 대중적인 이슈를 제시하기

갑질의 신세계를 봤다. 김무성 의원이 선보인 '노 룩 패스 no look pass' 이야기다.

2018년 발행된 〈무례한 사람에게 웃으며 대처하는 법〉정문정 저, 가나출판사 발행의 1-1 '갑질은 계속된다, 멈추라고 하지 않으면'의 첫 줄이다. 이 책은 무례한 사람들을 현명하고 지혜롭게 상대하는 법을 알려 준다. 위의 문장에 뒤이어 김무성 의원이 공항에서 수행원에게 눈길 한 번 주지 않고 여행 가방을 넘겨주었던 일을 묘사한 후, 이 모습이 사회적으로 논란이 되었던 이유를 해석한다. 이 사건은 워낙 화제가 되었던 데다, 누구나 무례한 사람에게 상처를 받았던 경험이 있기에 독자가 공감할 수 있는 좋은 사례라고 할 수 있다. 이처럼 사회적으로 화제가 되었던 사건 중 나의 주제와 연관된 것을 찾아 도입부에 제시하면 독자들이 흥미를 느낄 수 있다.

위의 글은 문장의 간결함도 좋다. 길게 설명하지 않고 독자들이 집중할 수 있도록 직관적이고 간결한 문장으로 시작했다는 점도 눈여겨보면 좋겠다.

## 대화체를 구사하기

"난 게으르다." 이런 혼잣말을 해 본 적이 있을 것이다. 혹시 게으름을 일종의 '명예 훈장'처럼 생각하는 건 아닌가? 현미경으로 DNA를 확인해 '꾸물대는 사람' 유전자를 본 적이 있는 것처럼.

2019년 발행된 〈결단-자수성가 백만장자들의 압도적 성공 비밀〉롭 무어 저, 다산북스 발행의 1-1 '당신은 사실 게으른 사람이 아니다'의 도입부이다. 첫 문장을 대화체로 썼다. 대화체는 독자들의 눈길을 잡아끄는 좋은 방법 중 하나이다. 이 책이 뭔가 재밌는 이야기를 던져 줄 거라는 기대감을 갖게 만들기 때문이다.

대화체를 구사할 때 주의할 점은, 너무 길게 쓸 필요가 없다는 것이다. 스토리텔링이 각광을 받으면서 대화체를 구사하는 경우가 많은데, 길이가 너무 길면 독자들의 집중력을 해칠 수도 있으니 간결하게 사용한다. 신변잡기식의 무의미한 내용이 아닌, 위의 예시처럼 주제와 직접 관련된 내용을 대사로 처리하는 게 좋다. 저자가 쓰려고 하는 게 이야기책이 아닌 실용서니까 말이다.

이 예시에서 하나 더 눈여겨볼 만한 것은, 게으름으로 고민하는 독자들의 상태를 맛깔나게 표현했다는 것이다. '꾸물대는 사람 유전자'라는 표현이 그렇다. 독자들은 자신의 상황을 정확하게 묘사한 글을 보면, 이 책이 다름 아닌 나를 위한 책이고 내 고민을 해결해 줄 것이란 기대감을 가지게 된다.

## 이야깃거리 제시하기

독일의 유명한 화학자 빌헬름 오스트발트가 지독한 치통에 시달리고 있던 어느 날이었다. 마침 그의 책상에는 한 젊은이가 보낸 논문이 놓여 있었는데, 아무리 읽으려고 해도 통증 때문에 제대로 집중을 할 수가 없었다.

2019년 발행된 〈사장을 위한 심리학〉천서우룽 편저, 센시오 발행의 1-1 '첫 번째 명제_사장의 감정 관리는 기업 운영의 보이지 않는 손이다'의 도입부이다. 독일의 화학자 오스트발트가 치통 때문에 겪은 감정의 기복을 얘기하고 있다. 처음엔 짜증이 나서 제대로 논문을 보지 못하다가 치통이 가라앉은 후 기분 좋은 마음으로 논문을 읽었고 그것의 가치를 제대로 볼 수 있었다는 일화인데, 이를 통해 사람의 행동은 감정 상태에 따라 좌우된다는 사실을 설명한다.

도입부에 이처럼 주제와 관련된 이야깃거리를 제시하면, 독자들은 호기심을 느껴 내용에 집중하게 된다. 저자가 실제로 겪은 경험담을 써도 좋고, 다른 사람으로부터 들은 이야기를 제시해도 된다. 위의 예시처럼 유명한 인물들의 일화를 제시해도 좋다.

몇 가지 도서들을 통해 1-1의 효과적인 도입부 유형을 살펴보았다. 이외에도 책의 핵심 주제를 요약하거나, 핵심 주제와 관련된 유명인의 명언으로 시작하는 도입부도 있다. 여기서 소개한 방법들이 모두 정답이라는 건 아니지만, 잘 참고하여 독자의 시선을 잡아끌 수 있는 도입부 쓰기를 궁리해 보면 좋겠다.

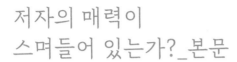

# 저자의 매력이
# 스며들어 있는가?_본문

책을 어떻게 읽으면 좋을까?

독서의 본래 목적인 사고력 크기를 키우기 위해서는, 정독精讀이 중요하다고 생각한다. 문장을 쭈욱 따라가면서 한 문장 한 문장의 의미, 글 전체의 의미를 파악하면서 읽는 것이다. 글에 담긴 의미, 저자의 의도를 파악하고 혹은 비판함으로써 생각의 폭을 넓힐 수 있다. 빠르게 읽기速讀나 마음에 드는 부분을 골라서 읽는 것拔萃讀은 책에 담긴 지식 정보를 파악하는 데는 매우 효과적이지만, 정독처럼 본질적인 사고력 향상을 꾀하는 데에는 한계가 있다.

그러나 앞서도 언급했듯이 차별화된 기획을 하기 위

해 기존에 출간된 책들을 살펴봐야 하는 입장이라면, 책 한 권을 정독하는 게 쉽지 않다. 봐야 할 책은 많고 조사해야 할 자료들이 많으니 한 권을 깊이 정독할 시간이 부족하다.

해서 차별화된 기획을 하기 위한 차원에서의 책읽기는, '정독이냐 속독이냐'로 규정할 수 없다. 기획에 꼭 필요한 도움을 받겠다는 차원에서 '책을 살펴보는 것'이 필요하다. 이 책을 '편집자처럼 책을 보고 책을 쓰다'라는 제목으로 표현한 이유도, 여기서 소개하는 읽기가 독서의 본질과는 다른 기술적 방식이기 때문이다. 어떻게 써야 하는지를 염두에 둔 읽기이고, 많은 책을 빠르게 살펴봐야 하기에 '깊이가 얕고 약삭빠른' 방식으로 책을 보는 것이다. 그래서 본문 읽는 법 역시 '어떻게 봐야 잘 쓸 수 있는가?'에 맞게 풀어보고자 한다.

## 저자의 경험담이 잘 묻어나는가?

앞서 매력적인 목차의 구성은 '기본 콘텐츠+킬러 콘텐츠($\alpha$)'여야 한다고 정리하였다. 이러한 목차의 특징이 본문에서 잘 나타나는지 확인해 봐야 한다. 목차를 멋들어지게 만들어 놓고 막상 원고를 그렇게 쓰지 못했다면 빛 좋은 개살구일 뿐이기 때문이다. 그래서 목차를 훑어보면서 독자 입장에서 가장 매력적이라고 생각하는 꼭지를 몇 개 골라서 읽어 보아야 하는데, 이때 독자들이 매력적으로 느끼는 꼭지가 바로 그 책의 킬러 콘텐츠가 들어 있는 꼭지이다.

킬러 콘텐츠는 그 주제와 관련된 저자의 진솔한 경험담에서 탄생한다. 자녀교육서라면 저자가 자신의 아이를 키우면서 있었던 일들, 아이와 갈등하면서 문제의 해결에 도달해 나갔던 솔루션 등일 것이다. 경제경영서라면 저자가 조직 생활을 하면서 느꼈던 문제점들과 이를 해결하기 위한 다양한 시도 등이 담길 것이다. 이렇게 저자의 경험담이 잘 드러나 있는지, 독자로서 마음에 와닿는지 확인해 보아야 한다. 그런 다음 내 책에 들어갈

나의 경험담을 떠올려 정리해 보자. 저자가 자신의 경험
과 지식을 바탕으로 쓰는 실용서에서 저자의 경험담이
빠진다는 건, 앙꼬 없는 찐빵이나 마찬가지이다.

## 저자의 핵심 메시지/솔루션을
## 쉽게 알아볼 수 있는가?

독자들이 실용서를 보는 이유는 메시지/솔루션을 얻
기 위해서이다. 순수 문학이나 인문학 도서들은 사고의
폭을 넓히고 싶을 때, 삶의 궁극적인 의미를 찾으려고 할
때, 지적 유희를 누리고 싶을 때 읽게 되지만, 실용서는
'지금 당장 내가 겪고 있는 어려움을 해결하고자 하는 목
적'으로 읽는다. 때문에 기대하는 '답'을 얻지 못한 독자
들은 몹시 실망할 수밖에 없다. 차별화된 기획을 하고 싶
은 이들은 기존 도서들의 본문을 읽을 때마다 메시지나
솔루션이 잘 들어가 있는지 살펴보자. 그리고 나라면 어
떤 메시지나 솔루션을 정리할 수 있을까를 생각해 보자.

메시지나 솔루션은 독자들이 잘 포착할 수 있도록

표현되어야 한다. 독자들이 쭉 읽어 내려가다 메시지/솔루션 지점에 이르러 주의가 환기되는 느낌을 받아야 한다. 이렇게 하기 위한 몇 가지 방법이 있다. 이를테면 그 원고에서 제시하는 메시지/솔루션이 세 가지라면 '첫째, 둘째, 셋째(혹은 1, 2, 3)'와 같이 숫자를 부여하는 것이다. 풀어서 써 주는 것보다 숫자를 부여하여 하나씩 짚어 주듯 쓰면 독자들의 기억에 좀 더 오래 남게 된다.

메시지/솔루션이 등장할 때 '줄바꿈'을 해 주는 것도 좋은 방법이다. 중요한 내용이니만큼 앞 문장과 그대로 이어서 쓰지 않고 줄을 바꿔서 새로 시작하는 것이다.

메시지/솔루션을 다룰 때 길게 풀어쓰지 말고 간결하게 표현하는 것도 좋다. 문장을 간결하게 쓰면 임팩트를 주기에 용이하다.

## 핵심 메시지/솔루션을 뒷받침해 주는
## 객관적 자료가 있는가?

저자는 자신의 경험담이나 지식을 바탕으로 독자들에게 전해 줄 메시지나 솔루션을 도출하게 된다. 저자의 경험담만으로 책을 쓰기에 내용이 조금 부족하거나 좀 더 깊이 있는 정보를 제공한다는 차원에서 메시지나 솔루션과 연관된 자료를 함께 담을 수 있다. 연구자들이나 공신력 있는 기관의 연구 결과, 언론에 소개된 전문가들의 견해 등을 덧붙여 주는 것이다. 기존 도서들이 어떤 자료들을 소개하고 있는지를 살펴보고, 자신의 콘텐츠와 연관된 자료를 찾아보는 게 좋다.

저자의 메시지나 솔루션을 뒷받침해 줄 수 있는 객관적인 자료를 소개하면, 독자들은 읽을거리가 풍부하고 저자의 주장에 좀 더 신뢰감을 느낄 수 있기에 좋다.

# 한 꼭지의 흐름이 자연스럽고
# 다 읽은 후 만족스러운가?

잘 쓰여진 한 꼭지가 모여서 한 권의 책이 되는 것이다. 한 꼭지 한 꼭지의 완성도가 떨어진다면 책을 다 읽고 난 후 독자들이 만족할 리 없다. 한 꼭지를 읽을 때 집중이 잘 되고, 저자가 하고자 하는 얘기가 뭔지 쉽게 파악할 수 있고, 끝까지 읽었을 때 메시지/솔루션이 기억에 남으면 좋은 글이라 할 수 있다.

반면에 읽으면서 산만하다는 느낌이 들거나 저자가 무슨 소리를 하는 건지 당최 알 수 없다면 원고의 구성이 제대로 짜여 있지 않은 것이고, 각 글의 목적도 제대로 세우지 않은 상태라고 볼 수 있다.

앞서도 이야기한 것처럼 이 책에서 소개하는 책읽기는 기획을 위해 다수의 책들을 '넓고 얕게 살펴보는' 방식이다. 목차에서 매력적인 꼭지들을 골라 읽으면서 저자가 자신의 콘텐츠를 어떻게 표현했는지, 글의 구성을 어떻게 짰는지를 잘 살펴보자.

# 독자 입장에서
# '매력적이고 참신하다'는 말의 의미

　누구나 독자들이 즐거워하고 꼭 필요로 하는 책을 쓰고 싶어 한다. 어떻게 하면 이렇게 쓸 수 있을까? 그에 대한 답은 결국 저자에게 있다. 다른 책들과 좀 달라 보이고 매력적이고 신선한 맛이 있는 책, 이런 책을 쓸 수 있는 해법은 저자가 가지고 있다. 저자가 자신의 경험담을 진솔하게 풀어내고 그걸 깊이 있게 성찰하여 나온 메시지나 솔루션에서 독자들은 매력을 느끼게 된다.

　여기서는 독자들의 사랑을 받고 있는 몇 가지 책들을 소개하면서 이를 통해 '매력적이고 참신하고 신선한 콘텐츠'가 무엇인지를 다시 한 번 생각해 보고자 한다.

## 매력적이고 참신한 콘텐츠의 조건①
## 경험하지 못한 걸 알려 주기

〈저 청소일 하는데요?〉김예지 저, 21세기북스 발행의 저자는 27세에 청소일을 시작했다. 대개 청소일은 연세가 있는 분이나 은퇴자들이 한다고 생각하기 쉬운데, 저자는 젊은 나이에 청소일을 시작한 것이다. '진짜 자신의 삶을 살아가는 그림 그리는 5년차 청소부의 이야기'라는 소개 글을 보면서, 독자들은 내가 미처 경험하지 못한 일을 하고 있는 저자에 대한 강렬한 호기심을 느끼고 재미있을 것 같다는 기대감도 품게 된다.

〈나는 그냥 버스기사입니다〉허혁 저, 수오서재 발행 역시 마찬가지이다. 저자는 전주 시내에서 버스를 운행하고 있는 기사라 출간 당시 화제가 되었는데, 버스를 운행하면서 느꼈던 점, 버스 기사들의 애환을 담담하게 그려 냈다. 독자들은 이 책 덕분에 예전엔 미처 알지 못했던 직업 운전자들의 삶을 이해할 수 있게 되었다며 호평했다.

〈혼자 살면 어때요? 좋으면 그만이지〉신소영 저, 놀 발행는 49세의 비혼 저자가 자신의 삶을 진솔하게 이야기한 책이다. 그동안 분야를 막론하고 대다수의 저자가 '함께 사는 삶'을 다뤘다면, 이제는 '나 홀로 얼마든지 행복한 삶'을 이야기하는 시대가 된 것이다. 1인 가구가 늘어가는 추세이고, 지금 이 순간에도 혼자 사는 삶을 계획 중인 많은 이들에게 신소영 저자와 같은 선험자들의 경험담은 많은 도움이 될 것이다.

책을 쓰고 싶은 예비저자라면 '이런 게 책을 쓸 거리가 될까?'라고 섣불리 속단할 필요는 없을 듯하다. 지금까지 자신의 경험을 돌아보면서 남다르고 독특했던 것들이 있는지를 찾아보면 되니까.


## 매력적이고 참신한 콘텐츠의 조건②
## 소시민의 입장을 대변하기


"누가 내 마음을 알아주겠나!"

이런 한탄 한 번 안 해 본 사람은 없을 것이다. 많은 사람들이 '내 마음 알아주지 않는 세상'에 산다고 생각하겠지만, 이런 소시민의 입장을 대변하여 사랑받는 책들이 있다.

〈을의 철학〉송수진 저, 한빛비즈 발행은 판매/영업일을 하며 비정규직으로 살았고 금융 사기마저 당해 궁지에 몰렸던 저자가, 철학으로 눈을 돌리면서 깨닫게 된 것들을 담아낸 책이다. 보통의 철학서들처럼 철학의 기본 개념을 짚어 주는 형태였다면 큰 주목을 받지 못했을지도 모르지만, '을乙'의 입장에서 철학을 다룸으로써 이 사회의 절대 다수인 을들이 주목하는 책이 되었다. 투고 당시 무명無名임에도 여러 출판사들의 러브콜을 받은 이유도 저자가 자신의 경험을 바탕으로, 우리네 보통 사람이 가진 고민을 다루었기 때문이다. 이 책의 소개글 중 '저자가 성산대교 대신 도서관을 택하지 않았다면 우리는 이 이야기를 만날 수 없었을지 모른다'는 말이 가슴에 와닿는다.

〈아, 보람 따위 됐으니 야근 수당이나 주세요〉히노 에이타로 저, 오우아 발행는 대(大, 회사)를 위해 소(小, 직원)는 기꺼이 희생과 헌신을 할 줄 알아야 한다고 강요하는 기업 문화를 통렬히 비판한 책이다. 위트가 넘치는 삽화 덕분에 더욱 읽는 재미가 있다. 최선을 다해라, 회사를 위한 길이 곧 나를 위한 길이다, 라는 주장을 펼치는 회사 생활

지침서들 사이에서 단연 돋보인다. 그래서일까. 이 책은 경제경영 파트가 아닌 인문/사회 분야에 속해 있다. 이 책 역시 직장인들이 가슴속에 품고 있지만 차마 입 밖에 낼 수 없었던 생각을 대변하고 있다.


## 매력적이고 참신한 콘텐츠의 조건③
## 그동안 미뤘던 걸 하게 도와주기


좋은 줄 알지만 습관을 바꾸기 힘들어서 혹은 게으름 때문에 못하는 것들이 있다. 대표적인 것이 운동일 것이다.

〈나는 오늘 모리셔스의 바닷가를 달린다〉안정은 저, 쌤앤파커스 발행는 달리기를 통해 인생의 방향을 전환한 저자의 이야기를 담고 있다. 달리기에 대한 실용적 정보뿐 아니라 꿈을 향해 힘차게 달려가는 모습을 통해 독자들은 자신이 하고 싶은 일을 하는 게 얼마나 중요한지 다시 한 번 깨닫게 된다.

〈마녀체력〉이영미 저, 남해의봄날 발행은 자타공인 '저질체력

사무직 노동자'인 저자가 30대에 고혈압 진단을 받고 운동하기로 결심하여 철인3종 경기까지 완주하게 된 이야기를 담았다. 이런 콘텐츠에서 주목할 것은 소소한 습관을 차근차근 개선하여 인생 자체를 변화시킬 수 있다는 내용을 담았다는 점이다. 이것이 바로 모든 독자들이 바라는 것이다.

우리네 일상을 늘 살펴보면서 '좋은 줄 알지만 늘 간과하거나 미루는 일들'이 뭔지를 찾아보면 좋겠다. 그런 소재에 접근해서 독자들이 그것을 할 수 있는 방법을 정리한다면 매우 유익한 콘텐츠가 될 것이다.


"식상한데.", "이건 다른 책에서도 다 있는 얘기잖아."와 같은 평가를 받는다면 그런 책은 잘 팔리기 어려울 것이다. 저자는 항상 자신의 책에 다른 책과 구별될 만한 매력적이고 참신한 콘텐츠를 만들 수 있어야 한다.

매력과 참신함은 저자가 제시하는 거대한 학문적 배경이나 메시지에서 나오는 게 아니다. 그 주제와 관련된 저자의 경험, 그 경험 속에 들어 있는 소소한 솔루션에 있다. 자신이 어떤 문제가 있고 그걸 극복하기 위해 실행

했던 자신만의 방법이다. 이것이 강점 콘텐츠이자 노하우인 것이다. 저자가 자신의 경험을 깊이 탐구하여 노하우를 정리해 낼수록 독자들은 그 콘텐츠를 매력적이고 참신하다고 판단한다. 그래서 저자에게는 자신의 경험에 대한 탐구가 필수라는 점을 꼭 기억해야 한다.

Chapter 2.

# 책을 쓰다

책쓰기의 핵심 살펴보기

책을 쓴다고 베스트셀러 저자가 되진 않지만,
책을 쓰고 난 후 성장하는 저자들은 많은 편이다.
이것이 당신의 책이 필요한 이유,
'책쓰기 기술'을 알아야 하는 이유이다.

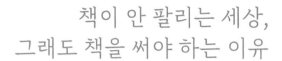

# 책이 안 팔리는 세상,
# 그래도 책을 써야 하는 이유

"책은 너무 안 팔리는데 출판사에 투고하는 사람은 넘쳐 나네요."

모 출판사와의 기획 미팅 자리에서 회사 대표가 쓴 웃음을 지으며 말했다. 맞는 말이다. 2017년 우리나라 성인의 연간 독서량은 8.3권에 불과하다 문화체육관광부, 국민 독서실태조사 연구보고서. 2015년보다 0.8권 줄어든 수치인데, 성인의 독서량은 2007년 이후 지속적인 감소 추세라고 한다.

반면에 신간은 쏟아져 나오고 있다. 대한출판문화협회에 따르면 2017년 한 해에만 53,795종의 신간(만화책 제외)이 발행됐다. 아동도서(6,698종), 학습참고용 도서

(1,203종)를 제외해도 4만 5천여 종이 된다. 책이 지독히도 안 팔리는 나라에서 신간이 쏟아지고, 책을 쓰겠다는 사람이 넘쳐 나고 있다. 왜 그럴까? 이런 현실에서도 정말 책을 써야 하는 걸까?

## '내가 바로 전문가'임을 입증하는 책쓰기

우리나라의 책쓰기 열풍은 아무 이유가 없는 게 아니다. 백세 시대가 되어 신체 수명은 길어졌는데 직업 수명은 짧아졌다. 아무리 좋은 대학을 졸업하고 대기업에 들어가도 경쟁이 치열하고 40대에 들어서면 언제든 밀려나 회사를 나가게 될까 봐 노심초사한다. 그래서 자신의 경쟁력과 전문성을 강화하기 위해 책을 쓰고자 하는 사람들이 늘어나게 된 것이다.

책만큼 그 사람의 전문성을 입증하는 데 유용한 수단은 없다. 즉, 우리나라에는 이러한 '수단으로서의 책쓰기'가 유행하고 있는 것이다. 치열한 경쟁에서 살아남아야 한다는 생존에 대한 열망이 사람들을 책쓰기로 향하게 만들었다.

그런데 책을 쓰면 무조건 출판할 수 있는 걸까? 출판은 자비출판과 상업출판, 두 종류가 있는데, 전자는 저자가 출판 비용 전부를 부담하는 것이고, 후자는 출판사에서 출판 비용(전부 혹은 일부)을 부담하는 것이다. 수많은 저자들이 도전하고 싶어 하는 건 대개 상업출판인데, 사실 성공하기가 쉽지 않다. 독자들이 1~2만 원 정도의 책값을 기꺼이 지불할 만한 콘텐츠여야 출판사가 관심 있어 한다. 기획이 참신하고 원고의 구성이 탄탄해야 한다.

2,000~3,000부의 초판만 팔겠다고 출판하는 출판사는 없다. 초판만 팔아서는 출판사는 남는 게 없기 때문인데, 최소한 그 이상이 팔릴 거라고 자신할 수 있는 콘텐츠여야 출판하겠다고 결심할 수 있다. 출판사는 책을 팔아서 먹고 사는 곳이니 당연히 출판 결정이 까다롭지 않을까.

직업적으로 자신의 전문성과 공신력을 강화하고 싶은 분이라면 책쓰기에 도전할 만하지만, 반드시 상업출판의 관문을 뛰어넘을 수 있도록 좋은 기획을 해야 한다.

## 모든 사람이 책 쓸 필요 없지만,
## '책쓰는 기술'은 모두에게 필요하다

우리나라의 책쓰기 열풍은 필요에 의해 탄생했지만, 걱정스러운 점이 있다. 모든 사람이 책을 써야 한다는 일각의 주장 때문이다. 오랫동안 편집자로 일하고 있는 입장에서 말하자면, 목적성이 뚜렷한 사람이 책을 써야 한다고 생각한다(순수 문학, 인문 등의 영역이 아닌 '수단으로서의 책쓰기', '실용적인 책쓰기' 차원임을 전제함). 그렇지 않은 사람까지 책을 쓸 필요는 없다. 대한민국 모든 국민이 저자가 되어야 할 이유가 어디 있을까.

다만, 모든 사람들이 책쓰는 기술을 아는 건 필요하다고 생각한다. 모두가 책을 쓸 필요는 없다면서 책을 쓰는 기술은 모두 알아야 한다? 말장난을 하자는 건 결코 아니다. 책을 쓰는 기술이 우리가 살아가는 데 있어 매우 필요하고 유용하기 때문이다. 책을 쓰는 기술이란 게 대체 무엇이기에 그런 걸까?

편집자로서 생각하는 '책을 쓰는 데 필요한 기술'은 두 가지이다. 첫 번째 자신의 콘텐츠를 발견하는 기술이다. 두 번째는 자신의 콘텐츠를 제삼자 입장에서 이해하기 쉽고 매력적으로 다듬어 표현하는 기술인데, 여기에는 문장력과 원고 구성력이 포함된다.

하나씩 짚어 보자. 책을 쓰기 위해 가장 먼저 할 일은, 자신의 내면에 있는 강점 콘텐츠를 발견하는 것이다. 그것도 내가 아닌 제삼자의 눈으로 인정할 수 있는 것이어야 하는데, 책은 상업적인 가치가 있어야 잘 팔리기 때문이다. 많은 사람이 기꺼이 돈을 지불하고 살 만한 가치를 내게서 발견하는 것이다.

그것을 발견한 다음에 콘텐츠를 잘 정리해 보자. 다채로운 경험담과 솔루션을 연결하여 정리한다면 더욱 좋다. 이렇게 정리해 낸다면 이를 바탕으로 책을 쓸 수 있을 뿐만 아니라, 뭐든 할 수 있다. 강의, 컨설팅, 창업 등등 다 가능하다. 우리는 이지성 저자, 채사장 저자 등 여러 베스트셀러 저자들을 통해 자기 강점 콘텐츠를 찾은 사람들이 어떤 발전을 이룩하는지 충분히 확인해 왔다.

나의 강점 콘텐츠를 어떻게 찾을 수 있을까? 강점 콘텐츠는 멀리 있지 않다. 내가 늘 관심 있게 생각하고 탐구했던 영역, 너무나 어려워서 자꾸 실패했던 영역, 그래서 시간을 투자하여 연구했고 마침내 이런저런 해법을 찾아냈던 영역, 무엇보다 제삼자 입장에서 나에게 가장 관심을 가질 만한 영역을 생각해 보자. 많은 사람들이 "누가 봐도 당신은 그 분야의 전문가로군."이라고 인정해 줄 수 있는 영역 말이다.

책을 쓰는 작업은 자신의 강점 콘텐츠를 탐구하고 발견하게 해 준다. 저자의 강점 콘텐츠가 담긴 책은 그의 '전문성과 신뢰성'을 담보해 주는 훌륭한 증거가 된다. 그러니 '뭐가 됐든 책 한 권 쓰면 되지.'라는 식의 책쓰기를 시도하지 않았으면 한다. 단지 출간만을 목표로 하는 것은, 대학에 들어가고 대기업에 입사하면 인생 목표가 달성된 것처럼 생각하는 것과 같다. 그런 책은 저자, 독자, 누구에게도 아무 도움이 되지 못한다.

기획할 때 예비저자님들께 "왜 책을 쓰려고 하세요?"라고 여쭤보면 "강사가 되고 싶어서요.", "베스트셀러 저자가 되려고요.", "전문가란 소리를 듣고 싶어서요." 등등의 답변을 듣는다. 모두 좋다. 하지만 한발 더 나아가 생각하면 좋겠다.

강사나 저자 등과 같은 직업은 결국 '수단'이 아닐까.

우리가 진짜 하고 싶은 일, 살고 싶은 삶을 살게 도와주는 수단 말이다. 따라서 책쓰기의 목표 역시 단지 강사, 저자, 전문가여서는 안 되지 않을까? 어떤 분야의 전문가가 되어 누구를 만나서 소통하여 어떤 일을 하며 살고 싶은지 깊이 생각한 후에 책 주제를 선정하여 집필하기를 권한다.

이제, '책을 쓰는 데 필요한 기술' 두 번째를 알아보자. 내가 아무리 강점 콘텐츠를 갖고 있어도 밖으로 드러내 표현할 수 없다면 소용이 없다. 자신의 콘텐츠를 제삼자 입장에서 매력적으로 다듬고 포장하는 표현력이 있어야 하는데, 이 표현력은 곧 문장력과 구성력을 말한다. 문장력은 한 문장 한 문장을 유려하게 쓰는 능력이고, 구성력은 글의 흐름을 잘 짜는 능력이다. 글 쓰는 능력에 대해 많은 전문가들이 다양한 이론을 제시하는데, 이 책에서는 이 두 가지를 이야기하고 싶다. 책을 잘 쓰려고 노력하다 보면 이 두 가지 능력을 키우게 된다.

원고를 읽다 보면 가끔 알아볼 수 없는 글을 발견할 때가 있다. 저자에게 물어서 이렇고 저러한 내용이다, 라는 설명을 들어야 이해할 수 있다. 책은 다른 사람이 읽는 것이라 나만 알아봐도 되는 일기처럼 쓰면 안 된다. 제삼자의 눈높이에서 이해하기 쉽고 재미있고 흥미로워야 한다. 문장 하나하나가 이해하기 쉽고 정확하게 표현되고, 전체적인 구조가 글의 핵심에 맞춰 잘 짜여 있어야 한다.

어떻게 하면 문장력과 구성력을 잘 갖출 수 있을까? 왕도는 존재하지 않는다. 열심히 읽고 열심히 쓰는 게 답이다. 창작 활동을 하는 사람들 중에 필사를 하는 사람도 많은데, 필사는 효과적인 방법 중 하나이다. 문장이 좋고 글 구조가 좋은 책을 골라 꾸준히 필사하면 필력을 키우는 데 많은 도움이 된다.


## 책을 쓰면 인생이 역전된다고요?


가끔 이런 이야기를 접한 적이 있을 것이다.

"책을 내면 인생이 바뀐다."

"베스트셀러 저자가 되면 타고 다니는 차가 달라진다."

설사 내 책이 잘 팔린다고 해도 인생이 바뀔 수준은 아니며, 인세 수익이 굉장하지 않다. 앞서 언급한 대로 우리나라 성인의 1년 독서량을 기억한다면 위의 이야기 들이 현실적이지 않다는 결론을 분명히 내릴 수 있을 것이다.

우리나라의 베스트셀러 시장 규모는 생각보다 크지 않다. 과거 20, 30년 전만 해도 판매량이 10만 부를 넘겨 야 베스트셀러라고 했지만, 지금은 1만 부만 넘어도 베 스트셀러라고 부른다. 백만 부 넘는 베스트셀러는 거의 로또에 가깝다고 해도 과언이 아니다. 내가 하필 로또에 맞을 확률이 대체 몇 프로나 될까. 아마 책 덕분에 차를 바꿨다는 저자들은 인세가 아니라 강연 등 다른 활동으 로 인한 수입 덕을 봤을지도 모르겠다.

그러나 책의 가치는 단지 판매 수입으로만 보아서 는 안 된다. 책은 자신의 콘텐츠를 체계적으로 정리할 수 있는 최적의 방법이기 때문에, 많은 저자들이 책을 쓰면 서 자신의 지식과 경험이 객관적으로 체계화되었다는 데 만족감을 표한다. 이미 이름 있는 강사들조차 책을 쓴 후 이전보다 콘텐츠의 질이 훨씬 나아졌다고 이야기한다. 시장에서는 책의 저자들을 그 분야의 전문가로 인식한다. 저자의 이후 활동이 여러모로 탄력받을 수 있는 것이다.

책을 쓴다고 베스트셀러 저자가 되진 않지만, 책을 쓰고 난 후 성장하는 저자들은 많은 편이다. 이것이 책이 많은 세상이지만 그래도 당신의 책이 필요한 이유, '책쓰기 기술'을 알아야 하는 이유이다.

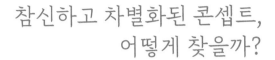

# 참신하고 차별화된 콘셉트,
# 어떻게 찾을까?

참신한 콘셉트를 찾고 싶어 하는 건 누구나 갖는 바람이다. 이를 위해 편집자들은 책을 보고 인터넷을 뒤져 보고 신문이나 뉴스, 화제가 되는 TV 프로그램, 영화 등을 열심히 챙겨 본다. 내가 살아가는 세상에서 어떤 콘텐츠가 만들어져 유행하고 있는지를 살펴보는 건 콘텐츠를 다루는 직업을 가진 이들에게 꼭 필요한 습관이다.

그런데 바깥세상을 분석하는 것만큼 중요한 습관이 있다. 바로 나 자신을 살펴보는 것이다.

1911년 노벨문학상을 받은 벨기에 작가 모리스 마테를링크의 아동 희곡 〈파랑새〉를 보면 틸틸과 미틸이 행복의 상징인 파랑새를 찾기 위해 여러 모험을 겪지만 결국 집 안의 새장 안에서 파랑새를 찾는다. 홀륭한 콘셉트를 찾는 일도 이와 마찬가지이다. 많은 예비저자들이 참신하고 차별화된 콘셉트를 바깥에서 찾아 헤매지만, 사실 답은 저자 자신의 내면에 들어 있다.


## '매일 소소한 나의 행동과 마음가짐'을 돌아보기


예비저자들에게 어떤 책을 쓰고 싶은지 물으면 이런 대답이 돌아온다.

"CEO들이 회사를 경영하는 데 도움이 될 만한 경영서를 쓰고 싶습니다."

"여성들에게 희망을 주는 자기계발서를 쓰고 싶어요."

모두 좋다. 책의 콘셉트 찾기는 여기서부터 시작한다. CEO를 위한 경영서를 생각했다면, 내가 평소에 어떤 일을 겪었고 어떤 생각을 했는지 생각해 보자. 사원으로서 회사의 인사 관리를 보며 답답함을 느꼈던 일, 팀장으로 일하면서 회사의 경영에 대해 아쉬웠던 점, 내가 사장이라면 이렇게 할 텐데, 라고 생각했던 것들을 적어 보는 거다.

여성을 위한 자기계발서도 마찬가지이다. 여성으로서 살아가면서 겪었던 일, 직장과 가정생활을 하면서 느꼈던 점, 내가 상대해야 했던 숱한 편견과 오해 등등을 적어 보자. 어렵고 불편한 점들을 해결하기 위해 매일 소소하게 했던 나의 행동, 마음가짐을 차근차근 적어 보는 거다. 여기에서 저자의 강점 콘텐츠가 탄생하고, 이를 바탕으로 참신한 콘셉트를 찾아낼 수 있을 것이다.

참신하고 차별화된 콘셉트를 찾겠다고 아주 거창하게 접근하지 않아도 된다. 사람들의 모든 문제를 일순간에 해결하겠다고 생각하지 않아도 된다. 내가 생활 속에서 불편해하는 것, 답답해하는 것, 소소한 고민거리에서 주제를 찾자. 그것이 다른 사람들도 겪고 있는 보편적인 문제라면 잘 발견한 것이다. 인류 역사를 구하고자 하는 거창한 주제도 좋지만, 내 마음을 정확하게 건드리는 주제가 마음에 와닿는다. 독자들은 저자에게서 자신과 여러모로 닮은꼴을 발견하면 관심이 생기면서 그가 이야기하는 콘텐츠에 빠져들게 된다.

## 당신이 생각하는 '좋은 책'은 무엇인가요?

과거 초보 편집자 시절 때 선배로부터 이런 질문을 받은 적이 있다.

"넌 어떤 책을 만들고 싶냐?"

초보답게 군기 바짝 들어서 "네, 좋은 책을 만들고 싶습니다."라고 답했는데, 선배는 피식 웃음을 지었다.

"세상에 안 좋은 책도 있어? 책은 다 좋은 책이야. 그건 당연한 거고, 잘 팔려야 하지 않겠어?"

이 말이 한동안 귓가에서 계속 맴돌았다. 그때까지만 해도 좋은 내용을 책에 담으려고만 했지, 잘 팔리는 것에는 크게 관심이 없었기 때문이다. 그건 마케팅/영업 담당자들의 고민이라고 생각했다. 그러나 선배와의 대화를 계기로, '잘 팔리는 책'에 대해 고민하게 되었다. 아무리 좋은 내용을 담아도 잘 팔리지 않는다면 소용이 없다. 저자가 쓴 책은 혼자 보는 일기가 아니므로 많은 사람들에게 널리 읽혀야 한다. 그것이 상품성이다.

저자는 상품 기획자이자 콘텐츠 개발자이다. 책을 기획하고 집필할 때 '이 책은 사람들이 기꺼이 돈을 주고 살 만한 가치가 있는가?'를 끊임없이 자문해야 한다. 기획 단계에서부터 차별성을 고민해야지, 책을 다 만든 후에 마케팅/영업적 기법을 가미한다고 해서 책이 잘 팔리는 건 아니다. 이 질문에 'YES'란 답을 하기 위해서는 저자가 하고 싶은 이야기가 아니라, 사람들이 나에게 듣고 싶은 이야기를 담아야 한다.

세상에 전문가는 숱하게 많다. 그들 중에서 하필 '나'에게 찾아오게 할 방법이 필요하다. 저자라면 "내가 하는 이야기는 다른 사람들과 다르다."고 얘기할 수 있어야 한다.

언젠가 TV에서 인상적인 장면을 본 적이 있다. 기억이 가물가물해서 누구인지 정확히 생각나진 않지만 모 업계에서 상당히 유명한 전문가였는데, 그분이 소상공인들과 대화를 나누는 장면이었다. 기억나는 대로 대화를 재구성해 보면 이렇다. 전문가가 소상공인에게 물었다.

"당신의 목표는 무엇인가요?"

"좋은 상품을 값싸게 공급하는 것입니다."

"잘못되었습니다. 많은 소상공인들이 품질 좋은 상

품을 보다 싼값에 공급하는 걸 목표하는데, 그것은 소상공인이 아니라 자본력이 있는 기업이 목표로 할 수 있는 겁니다. 소상공인은 경쟁력 있는 상품을 만들어 제값을 받고 공급하는 걸 목표해야 합니다."

책을 쓰는 저자들은 모두 지식 콘텐츠를 취급하는 소매업자 혹은 1인 기업가이다. 소매업 혹은 1인 기업가로서 시장의 기존 상품들과 차별화된 콘텐츠를 개발해 제값을 받을 궁리를 해야 한다. 자신의 내면을 깊게 탐구하여 그 주제와 관련된 경험과 성찰을 발견함으로써 차별성을 만들 수 있다. "제 책은 다른 책들과 크게 차이가 없는 것 같다."고 체념하거나 포기하지 말고, 반드시 내면 탐구를 통해 자신만의 색깔을 찾았으면 좋겠다.

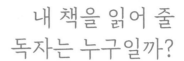

# 내 책을 읽어 줄
# 독자는 누구일까?

　책의 주제를 발상하기 위해 궁리하다 보면 필연적으로 생각해야 하는 것이 독자이다. 핵심 타깃 혹은 타깃 독자라고 근사하게 표현할 수 있는데, 누가 내 책을 가장 필요로 하고 사랑해 줄까 하는 것이다. 똑같은 경험과 지식을 가지고도 어떤 독자들을 겨냥하느냐에 따라 다른 아이템이 될 수 있다. 불특정 다수의 대중에게 널리 알려지고 싶다면 상업적인 대중서가 될 수 있도록 콘텐츠를 기획해야 한다.

## 카페 사장님이 만날 수 있는 독자는?

  카페를 창업하여 성공적으로 운영하는 사장님 A씨가
있다. A씨가 자신의 경험을 살려 책을 쓰고 싶다면 어떤
독자를 만날 수 있을까? 자신이 쓸 내용을 생각해보고,
그 내용을 누가 가장 필요로 할 것인지를 맞춰 보아야 한
다. 만약 A씨가 나의 훌륭한 카페 창업과 운영 경험을
담아서 책을 만들어 보겠다고 결정한다면, 출간 후 그가
만날 독자들은 카페 창업을 꿈꾸는 예비 창업자들, 카페
운영을 하고 있는 사장님들이 될 것이다. 경제경영의 창
업 분야가 된다.

  그런데 A씨가 카페 창업과 운영 경험을 바탕으로 하
여, 일반적인 회사나 다른 업종 가게에서도 활용할 수 있
는 경영 이야기를 정리한다면 어떨까? 예컨대 〈시골 카
페에서 경영을 찾다〉다카이 나오유키 저, 길벗 발행와 같은 책이 될
것이다. '일본의 작은 마을을 명소로 만든 사자 커피의
브랜딩 이야기'라는 부제에서 표현했듯, '사자 커피'의 브
랜딩 이야기가 담겨 있다. 소재가 커피와 카페이니 그 분
야에 직접적으로 해당되는 얘기가 있지만, 일반적인 회

사와 타 업종 가게에 적용해도 될 만한 내용도 많다. 분야는 경제경영의 이론/전략이 된다.

어떤 사람이 독자가 될까? 일반 회사에 다니는 직장인, CEO, 매장을 운영하는 소매상 등이 해당될 것이다. 앞서 창업 분야보다는 좀 더 독자층이 확대되는 것이다. 둘 중 어느 쪽이 나을까? 저자의 집필 목적에 맞게 선택하면 된다.

## 전 국민이 다 볼 수 있는 책이라고요?

"제 책은요. 전 국민이 다 볼 수 있어요."

책을 기획하면서 독자층을 넓고 방대하게 생각하는 건 좋다. 출판사 입장에서 시장이 넓은 게 좋지, 좁으면 판매가 어렵다는 말이 되기 때문이다. 100만 부 넘게 팔린 베스트셀러를 살펴보면 그야말로 전 국민이 다 읽을 수 있는 책들이다. 〈언어의 온도〉이기주 저, 말글터 발행, 〈82년생 김지영〉조남주 저, 민음사 발행, 〈나의 문화유산답사기〉유홍준 저, 창비 발행 등이 그렇다. 하지만 이런 책들이 애초부터 핵심 타깃을 전 국민이라고 잡은 건 아니다. 핵심 타깃이 가장 먼저 이 책에 열광하고, 그들을 통해 2차 혹은 3차 독자로 확산되면서 베스트셀러가 되는 것이다.

**에세이 독자 설정 예시**

1차 독자(핵심 타깃) : 어떻게 살 것인가를 고민하는 30대 이상 여성
2차 독자 : 인생 후반전을 준비하는 40대 이상 남녀

**경제경영 / 자기계발서 독자 설정 예시**

1차 독자 : 조직에서 성공하고 싶은 직장인 모두
2차 독자 : 좋은 리더를 키우고 싶은 회사 CEO

그래서 막연하게 '모두에게 다 필요하다'라는 식의 설정은 좋지 않다. 뚜렷한 핵심 타깃이 없다는 말이기 때문이다. 소위 말해 시부모님도 보고, 친정부모님도 보고, 남편도 보고, 아내도 보고, 자식도 보는 책이 존재할 수 있을까? 서로 입장이 다른 사람들이 다 함께 같은 내용에 열광하기란 쉽지 않다.

책 주제를 발상하면서 내 책을 누가 읽어 주면 좋겠는지를 함께 생각하는 건 매우 중요하다. 원칙적으로 범위를 넓게 잡되, 섬세하게 독자의 특징을 표현해 보기 바란다. 앞서 1장에서도 언급한 것처럼 타깃 독자를 잡은 후 확산되는 방식으로 2차 독자를 설정하는 게 좋다.

## "전 제 책이 잘 안 팔려도 괜찮은데요."

예비저자들 중에 "제 책이 많이 팔릴 거라고 생각하지 않아요." 혹은 "많이 안 팔려도 상관없어요."라고 말하는 경우가 있다. 그렇게 생각해도 안 되고, 절대 입 밖으로 얘기해서는 안 되는 말이다. 안 팔릴 게 뻔한 책을 출판사가 왜 돈을 들여 만들어야 할까. 어찌 보면 출판사 입장에서는 무책임한 말이 된다. 저자가 자신의 콘텐츠가 상업성이 없다고 미리부터 포기하는 셈인데, 만약 그런 생각이 든다면 급하게 쓰지 말고 충분한 시간을 갖고 고민하고 연구하면서 상업성 있는 콘텐츠를 만들어야 한다. 그럴 수 없다면 자비출판으로 진행하는 편이 낫다. 자비출판은 저자에게 비용을 받아서 만들기 때문에 저자의 주문대로 만들 수 있다.

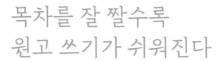

# 목차를 잘 짤수록
# 원고 쓰기가 쉬워진다

책을 쓰는 예비저자들은 '세 개의 산'을 만난다. 첫 번째 '주제 정하기'라는 산, 두 번째 '목차 만들기', 세 번째는 '원고 쓰기'라는 산이다. 고민을 거듭해 주제를 잡고 나면 그 다음으로 해야 할 일은 목차를 만드는 것이다. 목차 구성은 쉬운 일이 아니지만, 기존의 책들을 분석하면서 내 콘텐츠를 대입해 본다면 잘 만들 수 있다.

저자가 목차를 잘 짜면 이후 원고 집필하기가 한결 수월하다. 여기서 '잘 짠다'는 의미는 단지 보기 좋게 짠다는 것이 아니라, 어떤 내용으로 원고를 구성할지 꼼꼼하게 계획하여 기록하는 걸 말한다. 대개 목차를 짤 때 챕터 제목과 꼭지 제목을 한 줄씩 쓰지만, 그렇게 끝내지 말고 챕터, 꼭지의 주요 내용을 요약하는 것이다.

목차 작업을 통해 책을 어떻게 쓸 것인지를 잘 계획하면 원고 작업도 계획적으로 굴러가게 된다. 하지만 다른 책들을 참고해 그럴듯한 꼭지 제목을 나열해서 대충 목차를 만들면, 원고가 논리적으로 흘러가지 않거나 같은 개념이 반복되는 등의 문제가 나타날 수 있다.

원고를 쓰기 전에 요약본을 작성하면 원고가 없어도 책의 주요 내용을 모두 파악할 수 있다는 장점이 있다. 이런 요약본을 기획안에 담는다면 편집자들이 아이템을 파악하기에 좀 더 편할 것이다. 저자 역시 구체적인 계획하에 원고를 집필하는 거니 좀 더 빨리, 실수를 줄이면서, 잘 쓸 수 있다.

# 핵심 내용을 간추리는 요약본, 어떻게 만들까?

## 말 잘하는 사람들의 비밀

### 1. 왜 내가 말하면 사람들이 듣지 않을까?

: 가정에서, 직장생활에서, 친구들과의 만남 자리에서 나의 이야기를 사람들이 들어주지 않아 고민일 때가 많다. 사실 사람들은 내 말을 안 듣는 게 아니라 '못 들은 것'이었다. 실생활 속 사례들을 통해 사람들이 내 말을 듣지 못하는 이유를 알아보자.

### 도무지 무슨 뜻인지 못 알아듣겠다고요

: 회사 내에서 부서별 경쟁 PT를 한 영업부 김 과장. 하지만 부서별 순위에서 꼴찌를 했다. 부서원들은 '프로젝트 성과가 가장 좋았음에도 낮은 순위를 기록한 것은 두서가 없는 김 과장의 말 때문'이라며 불만을 터뜨렸다. 이에 김 과장은 자신의 말 습관을 다시 돌아보지 않을 수 없었다.

### "목소리가 왜 그래, 조금만 더 크게 말해 봐."

: 직장생활 5년차 김 대리. 회의 시간마다 김 대리는 곤혹스럽다. 팀장이 빠짐없이 팀원들에게 뭐든 발표를 시키는데, 막상 김 대리가 발표하면 사람들은 귀담아듣지 않는다. 심지어 팀장까지. 회의가 끝난 후 김 대리를 콕 짚어서 "김 대리는 말이야, 남들 다 발표할 때 빼지 말고 의견 좀 말해."라고 지적한다. 김 대리의 고민에 동료는 목소리에 문제가 있다고 조언했다. 김 대리는 말 잘하는 사람들이 '듣기에 좋은 소리 톤과 크기'를 구사한다는 사실을 깨달았다.

### 기껏 맞장구쳤는데 반응이 왜 저럴까?

: 박 과장은 자신에 대한 사내 평가가 '상사들에게 지나치게 아부하는 사람'이라는 게 너무 억울하다. 분위기를 위해 늘 자신이 총대를 멘다는 차원에서 상사들이 말할 때마다 리액션을 하는데, 왜 그게 문제라는 걸까? 리액션을 하는 것 자체가 문제가 아니라 상황에 맞게 적절하게 조절되지 않는 리액션이라서 그런 것이다.

이 예시는 2장에서 소개한 목차 중 1챕터인데, 챕터와 꼭지 제목 밑에 요약하는 내용을 기록해 보았다. 여기에 있는 것처럼 꼭지 제목에 잘 어울리는 이야깃거리(사례)를 제시하고, 그것을 통해 독자들에게 전달하고자 하는 메시지(혹은 솔루션)를 기록하면 된다. 분량은 개당 5~6줄 정도면 괜찮은데, 처음이라 요약하기가 너무 어렵다 해도 최대 A4 1/3까지로 정리해 보길 권한다. 요약이라는 의미에 맞게 너무 길게 쓰지 않도록 한다(길게 쓰면 원고가 되므로 요약의 의미가 없음).

챕터, 꼭지별 내용을 꼼꼼하게 요약하고 나서 처음부터 끝까지 반복해서 여러 번 읽어 보자. 그러면 꼭지와 꼭지가 서로 중요 내용이 중복되었거나, 이야깃거리에 대한 해석이 잘못된 경우를 찾을 수 있다. 저자가 유난히 반복해서 강조하는 개념들도 찾아볼 수 있다. 중복되거나 잘못 해석된 내용은 조정해야 하고, 반복해서 강조하는 개념은 저자의 강점 콘텐츠나 철학이 될 것이다. 이런 과정을 거쳐 목차를 다듬어서 완성하면 나중에 원고를 쓰는 속도가 훨씬 빨라지고, 완성도도 높아질 수 있다.

## 독자를 끌어당기는 콘텐츠를 만드는 질문 :
## 왜(WHY), 무엇(WHAT), 어떻게(HOW)

자신의 콘텐츠를 남들과 차별화된 내용으로 만들 수 있는 열쇠가 있다. 바로 '질문하기'인데, 책을 쓰기 위한 이야깃거리(사례)를 정리하는 것으로 그치지 말고 여러 방향으로 질문을 던져 보는 것이다.

**예시 | 자기계발 분야 대화법 책을 쓰고 싶은 저자의 이야깃거리**

A는 목소리가 작은 편이라 회사 팀 미팅 때마다 문제가 됐다. 이런 일도 있었다. A가 말한 의견을 사람들이 못 들었는데, 팀원 B가 홀로 듣고 그걸 자기 아이디어인 양 말해서 칭찬을 받은 것이다. A는 너무 화가 났지만 사실을 밝히지 못하고 가만히 있었다.

Q. A는 왜 아무 말도 하지 못했는가?

A. 사람들이 내 말을 들어줄까 싶기도 하고 자신이 없었다.

Q. A는 평소 자신감이 부족한 편인가?

A. 그렇다. 나서기가 두렵고 다른 사람들이 나를 주목하면 위축된다.

Q. A는 무엇 때문에 자신감이 부족하게 된 걸까?

A. 내성적인 성격을 타고난 데다, 어릴 때부터 인정을 받지 못하고 자랐다.

Q. A가 자신감을 키우기 위해서는 어떻게 하면 좋을까?

A. 마음의 문제가 있고, 표현상의 문제가 있을 것이다. 자존감을 회복하도록 마인드컨트롤을 하고 남들 앞에서 당당하게 자신의 의견을 밝힐 수 있는 표현 방법을 배우면 좋을 것이다.

  만약 이처럼 이야깃거리(사례)를 파고들지 않는다면, 'A는 억울한 상황에서 참지 말고 말해야 한다'라는 단순한 메시지를 도출하고 말 것이다. 하지만 왜(why), 무엇(what), 어떻게(how), 이 세 가지를 시의적절하게 질문하면 이야기의 주인공이 왜 그런 행동을 했는지 원인을 거슬러 올라가 보고 그에 맞는 해결책을 도출해 낼 수 있다. 이런 내용을 반영하여 목차를 짜면 독자들이 보기에 훨씬 흥미로운 내용이 될 것이다.

왜(why), 무엇(what), 어떻게(how)는 창의적인 일을 하는 사람들이 중요하게 생각하는 키워드이기도 하다. 이 세 가지를 질문하는 습관을 통해 깊이 있는 통찰과 개성이 묻어난 솔루션을 발굴하여 목차에 잘 반영해야 한다.


## 목차의 완성도, 70~80% 정도면 적당하다


목차를 짤 때 완벽하게 하려고 노력하는 예비저자들이 많다. 첫 책을 쓰는 예비저자들 중에 원고를 쓰다가 목차가 바뀌겠다 싶으면 당황하는데 그럴 필요가 없다. 책을 여러 권 써 본 경험이 있는 저자들은 알겠지만 아무리 계획을 잘 해서 목차를 짜도 원고를 쓰면서 조금씩 바뀐다. 본래 계획과 실행은 다른 데다 원고를 쓰면서 목차 작업 때 생각나지 않았던 게 기억나기도 하고, '요즘 이런 화젯거리가 있는데 그걸 반영하면 좋겠다'는 아이디어가 떠오르기도 하기 때문이다. 그래서 기획 단계에서 100% 불변의 목차를 짜는 건 불가능하다.

'쓰면서 바뀔 수 있다'는 여지를 인정하면서 70~80% 정도의 완성도를 추구하면 된다. 나머지 20~30%가 변화할 수 있는 거다. 출판계 전문 구성작가들도 책을 기획하거나 쓸 때마다 목차를 잘 짜려고 노력하지만, 100%의 완성도를 추구하진 않는다. 꼼꼼하고 섬세하게 목차의 완성도를 높이되, 집필 단계에서 샘솟는 아이디어를 존중하는 차원에서 20~30%의 수정 가능성을 염두에 둔다.

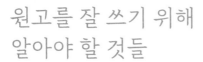

# 원고를 잘 쓰기 위해
# 알아야 할 것들

원고 쓰기는 저자로서 넘어야 하는 마지막 산이다. 기획부터 출간에 이르기까지의 과정 중 가장 많은 시간을 차지하는 단계이다. 여기서는 예비저자가 원고 집필 시 꼭 알아야 하는 사항을 몇 가지 짚도록 하겠다.

예비저자들이 궁금해하는 것 중 하나가 "원고 쓰는 기간을 얼마나 잡으면 될까요?"라는 것이다. 이건 저자마다 천차만별이라 딱 부러지게 정의하긴 어렵지만, 기획부터 출간까지 1년이라고 가정했을 때 초고는 3~4개월 안에 쓰면 매우 좋다. 여기에 1개월의 퇴고 기간을 더해 최대 5개월이면 꽤 훌륭한 일정이라고 할 수 있다. 저자가 퇴고를 잘해서 출판사에 송고하더라도, 출판사에서 다시 원고 수정 보완을 요청할 수 있다는 점도 감안해야 한다. 기획 단계 2개월, 초고 집필 단계 5개월, 출판사의 원고 검토·편집·제작 단계 5개월, 이렇게 가늠하면 총 작업 기간 1년이 된다.

## 어떻게 쓸까?

"막상 쓰려고 하니까 어떻게 써야 할지 모르겠어요."

하얀 백지를 앞에 두고 두려워하는 예비저자들에게 경험 많은 저자들은 이렇게 조언한다.

"일단 막 쓰세요."

편집자로서 이 조언이 반은 맞고 반은 틀렸다고 생각한다. 일단 써야 원고가 만들어진다는 차원에서는 맞지만, 그렇다고 막 쓰면 초고 상태가 좋지 않아 나중에 퇴고나 수정, 보완 단계에서 재집필 수준으로 다시 써야 해서 너무 힘들어지기 때문이다.

그래서 초고라 해도 기승전결을 잡고 원고에 꼭 들어가야 할 요소를 넣어서 써야 나중에 원고를 다 뜯고

치는 사태를 맞닥뜨리지 않게 된다. 앞서 언급했던 것처럼 매 꼭지마다 '이야깃거리 + 메시지/정보'를 설계해서 써야 한다. 한 문장 한 문장을 완성도 있게 다듬는 것은 수정, 보완 작업 때 해도 되지만, 필수 요소가 없거나 기승전결이 무너진 상태는 수정, 보완이 아닌 재집필을 통해서나 바로잡을 수 있다. 편집자가 원고를 검토하고 "저자가 무엇을 말하는 건지 잘 모르겠어요." 혹은 "원고를 읽기가 힘드네요." 등의 평가를 하는 건 대개 독자에게 전해 줄 메시지/정보를 찾지 못했거나, 기승전결이 무너진 경우에 해당한다.

목차 요약본을 강조했던 이유가 이 때문이다. 초고를 쓰기 전에 초고에 대한 섬세한 계획을 세워야 기본적인 완성도를 갖춘 원고가 나온다. 초고의 완성도가 떨어질수록 수정, 보완 작업에 시간과 노력이 많이 들어가서 전체 작업 일정이 길어진다. 일단 쓰되, 막 쓰지는 말아야 한다.

# 얼마나 쓸까?

이 책은 실용적인 지식/정보 전달을 목적으로 하는 성인 단행본을 다루고 있으니 그 기준으로 말하면, A4 용지 100페이지를 기준으로 작성하면 된다. 이 정도 분량이면 판형에 따라 다르지만 신국판(152x225) 기준으로 230~250페이지 정도 나온다. 여기에 머리말, 추천사, 판권지, 목차, 도비라(약표제, 속표지) 등 약 10페이지를 더하면 책 전체 페이지를 가늠할 수 있다.

A4용지 100페이지는 200자 원고지 800매 정도이다. 원고 분량을 계산할 때 편집자들은 200자 원고지를 기준으로 하는데, 그게 정확해서 그렇다. 그렇다고 원고지에 쓰라는 건 아니고 한글 프로그램이나 워드 프로그램으로 작성하면 된다. 원고를 다 쓴 후 200자 원고지 분량을 알고 싶다면 원고 전체를 복사해서 한글 프로그램에 옮겨 붙인다. 그런 다음 상단의 파일 메뉴에서 '문서 정보'를 클릭하면 '문서 통계'가 나오고, 그걸 클릭하면 200자 원고지 분량을 알 수 있으니까 참고하면 된다.

# 언제 쓸까?

"매일 한 꼭지씩 쓰려고요. 그러면 두 달이면 쓰지 않겠어요?"

집필 작업에 들어가는 예비저자들의 의욕은 충만하다. 매일 꼬박꼬박 쓰겠다고 결심하지만, 본업에 충실하면서 짬짬이 시간을 내어 책을 써야 하는 현실에서 매일 한 꼭지는 쉬운 목표가 아니다.

다수의 저자들의 경험담 그리고 편집자의 경험을 합쳐서 정리한 '현실적인 목표'는 이틀에 한 꼭지 혹은 일주일에 2~3꼭지이다(한 꼭지의 길이는 A4용지 2~3페이지 정도로 보면 됨). 이틀에 한 꼭지씩 쓰면 1개월에 15꼭지, 2개월에 30꼭지, 2개월 보름이면 45꼭지를 쓸 수 있다. 일주일에 두 꼭지를 쓴다면 1개월에 8꼭지, 2개월에 16꼭지, 3개월에 24꼭지, 4개월 32꼭지가 된다. 대개 단행본 1권을 위해 30~40꼭지가 필요한 것을 감안하면, 초고를 집필하기 시작해서 3~4개월 만에 다 쓴다면 괜찮은 일정이라 볼 수 있다.

저자들이 책을 쓰는 시간은 이른 새벽 혹은 늦은 밤

그리고 주말이다. 하루 일과에 영향을 주지 않는 시간대에 쓰는 것이다. 본업 외의 스케줄은 줄이고 책쓰기에 집중해야 한다. 본업을 하면서 친구 만나고 행사 참석하고, 하고 싶은 일 다 하면서 책까지 빨리 쓰는 건 불가능하다.

## 누구의 눈높이에 맞출까?

일반적으로 대중을 상대로 한 창작물의 소비자 기준은 '중졸 이상의 학력자'이다. 전문가들이 자신의 입장에서 쉽다고 해도 우리 입장에서는 어려울 수 있다. 그래서 최대한 말하듯 친절하게 풀어 쓰고, 어려운 전문 용어와 개념은 의미 풀이를 달아 주는 게 좋다.

문장을 쓰다 보면 자꾸 꼬여서 어려워진다고 고민하는 예비저자들도 있는데, 이런 경우라면 단문單文, 홑문장 쓰기를 생활화하기를 추천한다. 단문이란 주어 1개, 서술어 1개로 되어 있는 문장을 말하는데, 이렇게 글을 작성하면 독자들에게 간결하고 명확한 느낌을 줄 수 있다.

좋은 글에 대해서는 여러 가지 이론이 있지만, 독자의 눈으로 읽었을 때 쉽게 읽히고 바로 이해할 수 있으면 된다고 생각한다. 그래서 바로 '내 눈'을 기준으로 삼으면 된다. 독자로서의 내가 읽기 쉽고 의미를 명쾌하게 파악할 수 있으면 되는 거다. 의미가 불분명한 글은 실용서에서는 바람직하지 않다.

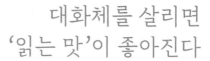

# 대화체를 살리면
# '읽는 맛'이 좋아진다

저자는 독자들의 이해도를 높이기 위해 여러 가지 이야깃거리를 활용할 수 있다. 이를 스토리텔링Storytelling 이라고 하는데, 저자는 이야기를 통해 독자에게 자신이 전하고자 하는 메시지/정보를 전달하는 것이다.

저자는 자신의 의도를 독자에게 설득해야 하지만, 스토리텔링 덕분에 독자들은 거부감 없이 자연스럽게 받아들인다. 이것이 스토리텔링의 장점이다. 스토리텔링의 묘미를 잘 살리면 독자들에게 읽는 즐거움까지 줄 수 있다.

# 설득은 지루해도, 이야기는 즐겁다

'듣기 좋은 꽃노래도 한두 번이지'라는 속담을 기억할 것이다. 아무리 듣기 좋은 말이라도 반복해서 들으면 식상하고 거부감이 든다는 의미이다. 다음의 예시를 보자.

**예시 1**

부모는 공부의 중요성을 행동으로써 아이에게 보여 줄 수 있어야 한다. 부모에게 아무리 "공부해라."는 말을 들어도 정작 부모가 휴일에 하루 종일 텔레비전만 붙들고 있다면 아이가 공부를 해야겠다는 의지를 갖기 어렵다.

'공부 잘하는 아이를 만들고 싶은 부모를 위한 자녀교육서'를 가정해서 내용을 작성해 보았다. 부모가 아이에게 공부의 모범을 보여 주어야 한다는 메시지는 어떤 독자라도 수긍할 만하다. 하지만 한 꼭지 전체가 이처럼 설득 일색의 문장이라면 아무리 좋은 의도라 해도 거부감이 들거나 지루할 수 있다. 자, 그럼 이렇게 써보는 건 어떨까?

예시 2

수영 씨의 아이 둘은 모두 명문대학교에 진학했다. 만나는 사람들마다 수영 씨에게 어떻게 하면 아이를 공부 잘하게 할 수 있는지 비법을 알려 달라며 성화다. 하지만 수영 씨는 아이에게 한 번도 "공부해라.", "숙제해라." 소리를 해 본 적이 없다며 난처해한다. 넉넉지 못한 형편에 특별히 신경을 쓰지도 못했단다.

수영 씨가 유일하게 잘했던 것은 저녁 식사 후 뒷정리를 마치면 책을 가지고 나와서 거실 식탁에 자리를 잡는 것이었다. 책을 읽는 걸 좋아하기도 하지만, 아이들과 보람 있는 활동을 해 보고 싶다는 의도도 있었다. 엄마의 책 읽는 모습을 보고 큰아이와 작은아이도 각자 책을 가져와 엄마 옆에 앉는다. 학교 숙제나 학원 숙제를 가져오기도 하고 숙제가 끝나면 책을 가져와 읽는다. 읽다가 모르는 게 있으면 엄마에게 물어보고 엄마가 읽는 책을 보고 어떤 책이냐고 묻는다. 그런 대화 속에서 자연스럽게 토론이 이뤄지기도 한다.

이 모든 건 수영 씨가 아이들이 보는 앞에서 자연스럽게 독서를 하면서 시작되었다. 부모가 먼저 책읽기의 모범을 보이는 것, "공부해라."는 잔소리보다 훨씬 더 효과적이지 않을까.

예시1보다 좀 더 흥미롭지 않은가? 이야기가 등장함으로써 독자들은 흥미를 느끼게 되고, 설득만으로 이뤄진 글보다 저자의 의도를 부드럽게 받아들일 수 있다. 저자가 전하고자 하는 메시지에 정확히 부합하는 이야깃거리를 찾으면 원고를 좀 더 쉽게 쓸 수 있다.

또한 예시1에 비해 글의 분량이 훨씬 많아졌는데, 스토리텔링을 도입하면 원고의 길이가 늘어나게 된다. 그래서 스토리텔링은 고무줄에 비유될 수 있다. 스토리텔링을 어떻게 쓰느냐에 따라 원고의 길이가 고무줄처럼 늘었다 줄었다 한다.

# 글을 훨씬 더 맛깔나게 쓰고 싶다면

스토리텔링을 잘 구사하면 글을 읽는 맛이 훨씬 좋아질 수 있다. 이를 좌우하는 게 바로 대화체인데, 다음의 예시를 보자.

**예시 3**

수영 씨의 아이 둘은 모두 명문대학교에 진학했다. 만나는 사람들마다 수영 씨에게 어떻게 하면 아이를 공부 잘하게 할 수 있는지 비법을 알려 달라며 성화다. 하지만 수영 씨는 아이에게 한 번도 "공부해라.", "숙제해라" 소리를 해 본 적이 없다며 난처해한다. 넉넉지 못한 형편에 특별히 신경을 쓰지도 못했단다.

**예시 4**

"학원도 제대로 보낸 적 없다며 어떻게 둘 다 공부를 잘해?"
"솔직히 말해 봐. 몰래 과외시켰지?"
아이 둘 모두 명문대학교에 진학한 수영 씨는 만나는 사람마다 '공부 잘하는 비결'을 물어보는 통에 난처하다. 아이에게 한 번도 "공부해라.", "숙제해라." 소리를 해 본 적이 없었고, 넉넉지 못한 형편이라 남들처럼 신경을 써 주지도 못했다.

두 예시의 차이가 보이는가? 예시3에 대화체를 도입한 것이 예시4이다. 대화체가 등장함으로써 그 이후의 문장도 약간 달라졌다.

대화체를 구사하면 이야기에 좀 더 생동감이 더해진다는 장점이 있다. 원고의 분량도 (대화체가 없을 때보다) 늘어날 수 있다. 독자나 저자 입장에서 모두 참고할 만한 장점이다.

2장에서도 한 번 언급했지만, 실용서의 스토리텔링에서 대화체를 구현할 때 주의할 점이 있다. 그 이야기에서 매우 중요한 부분을 대화로 처리하는 게 좋다는 것이다. 대화를 통해 독자들이 집중하게 하고 핵심을 전달할 수 있도록 말이다. 별 의미 없는 말들을 대화체로 처리하면 독자들의 집중력을 떨어뜨릴 수 있다.

위의 예시도 '공부 잘하는 아이를 만들고 싶어 하는

부모를 위한 자녀교육서'라는 취지에 맞게 공부 잘하는 아이에 대한 대중의 일반적인 시각을 대화로 처리했다. 만약 수영 씨와 지인 사이에 신변잡기식의 대화가 등장했다면 독자들은 '저자가 의도하는 게 도대체 뭐지?'라고 의아해할 것이다.

예비저자들은 각 꼭지마다 이야깃거리와 메시지/정보를 잘 살펴서 어떤 대화체를 구사하는 게 효과적일지 고민해 보면 좋겠다.


## 육하원칙을 지키면 독자가 이해하기 쉽다


저자는 자신의 콘텐츠로 책을 쓰는 것이니 모든 내용을 잘 알지만, 제삼자인 독자들은 저자가 잘 풀어서 써주지 않으면 내용을 이해할 수 없다. 그래서 이야깃거리를 다룰 때 누가(who), 언제(when), 어디서(where), 무엇을(what), 어떻게(how), 왜(why)의 육하원칙하에 작성하면 독자들이 이해하기가 쉬워진다. 위의 수영 씨 사례에서도 육하원칙이 모두 드러난다.

누가 : 수영 씨와 두 아이

언제 : 매일 저녁

어디서 : 집 거실

무엇을 : 책읽기와 숙제

어떻게 : 읽다가 모르는 걸 물어보면서 자연스럽게 대화와
　　　　토론이 이루어짐.

왜 : 책읽기를 좋아하고, 아이들과 보람 있는 활동도 하고
　　싶었음.


　스토리텔링을 구사한 원고들을 살펴보다 보면 지나칠 정도로 상세하게 배경이나 상황을 설명하는 경우를 볼 수 있다. 그렇게 되면 독자들의 시선이 분산되어 저자의 의도를 이해하기가 어려워질 수 있다. 불필요한 묘사보다는 육하원칙에 의거한 간결하고 집약적인 기술이 좋다는 점을 기억하기 바란다.

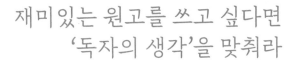

# 재미있는 원고를 쓰고 싶다면 '독자의 생각'을 맞춰라

"독자들이 제 책을 읽었을 때 재미있다고 말해 주면 좋겠어요."

이건 모든 저자들의 바람일 것이다. 하지만 생각보다 쉽지 않은 문제인데, 저자와 독자 사이에는 제법 넓은 간극이 존재하기 때문이다.

어떤 간극일까? 저자는 전문가이자 선험자(먼저 경험하는 사람), 독자는 비전문가이자 후험자(뒤에 경험하는 사람)라는 것이다. 이러한 입장차가 있기에 저자는 원고를 쓸 때 최대한 독자들과의 간극을 좁힐 수 있도록 해야 한다. 저자와의 간극이 존재할수록 독자는 책을 어렵게 느끼지, 재미있다고 느끼기는 힘들다.

## '나는 당신과 다르지 않습니다'라고 말해 주기

우리 아이를 똑똑하게 잘 키우는 법에 대해 쓰고 싶은 저자가 있다고 가정하자. '영재란?', '똑똑한 두뇌의 원리', 이렇게 쓰고 싶다면 독자의 입장이 아닌 선험자, 전문가의 입장이다. 기본적인 이론/개념부터 설명하려는 것이다.

하지만 독자들은 기본적인 이론/개념에 큰 관심이 없는 경우가 많다. 지금 당장 자신이 겪고 있는 어려움의 원인과 이에 대한 해법에 관심이 있을 것이다. 그래서 그것을 중점적으로 보여 주는 게 좋다. 이를테면 '어릴 때 똑똑했던 아이가 왜 지금은 달라졌을까?'라던가 '스마트폰에 푹 빠져 사는 아이를 책 잘 읽게 만드는 비결'이 궁금하지 않을까? 목차를 짤 때, 꼭지 제목을 잡을 때, 원고를 쓸 때도 이런 내용이 잘 드러나 보여야 한다.

저자들은 "내가 이런 걸 전해 주고 싶어요.", "이런 걸 꼭 알아야 해요."라는 목적으로 글을 쓰려고 한다. 물론 좋지만, 자기 생각에 너무 매몰되다 보면 독자 입장을 놓치기 쉽다. 그 문제와 관련하여 여러 가지 어려움을 겪고 있는 독자들의 마음을 어루만지고 '나 역시 당신과 같은 일을 겪었고, ~한 문제에 대한 답을 얻고 싶었어요.'하는 공감을 전해 줘야 한다. 그래야 독자는 저자가 제시한 솔루션을 거부감 없이 받아들일 것이다. 독자는 저자가 근엄하게 가르치는 듯한 느낌보다 공감을 전제로 친절하게 조언해 주는 걸 선호한다.

저자는 누구보다 독자들과 눈높이를 맞춰 공감대를 형성해야 한다. 누군가의 조언이 절실한 독자들 입장에서는, '달통한 도사'보다 '내 마음을 잘 알아주는 선배'가 내민 손을 더 잡고 싶어 할 것이다.

## 독자들의 질문,
## "내가 무슨 생각을 하고 있게~?"

독자가 재미있게 읽을 수 있는 원고를 쓸 수 있는 두 번째 원칙은 '독자의 생각'을 맞추는 것이다. 그 주제와 관련되어 독자들이 가장 궁금해하는 질문을 만들고 그 답을 달아 보자.

건강 관리를 잘 하는 방법에 대해 쓰고 싶은 의사가 있다고 가정해 보자. 그는 우리나라 성인들이 많이 걸리는 질환에 대해 원인과 증상, 치료법 등을 조목조목 설명하고 싶을 것이다. 건강을 잘 관리하기 위한 생활 습관 교정법, 의학적 치료법도 다루고 싶을 것이다.

물론 이런 정보는 모두 필요하다. 문제는 이 정보를 저자가 나열하고 싶은 방식이 아니라 독자들이 알고 싶어 하는 방식으로 설계해야 한다는 것이다. 독자들 입장에서는 'ㅇㅇㅇ 증상이란?', '원인과 진단법' 등과 같은 설명보다는, 자신이 겪고 있는 증상으로 말해주는 게 더 좋을지도 모른다. 이를테면, '늘 헛배가 부르는 이유가 뭘까?', '머리가 깨질 듯이 아픈데 병원에서는 아무 문제가 없다고 한다면?'과 같은 방식으로 독자들이 갖고 있는 문제점을 잡아내는 거다. 독자들의 호기심, 답답함, 궁금증에 먼저 접근해 준다면 빠르게 집중해서 흥미롭게 읽을 수 있지 않을까.

다이어트를 하고 싶은 사람들에게 효과적인 다이어트 방법을 알려 주고 싶다면 어떻게 하면 될까? 다이어트 분야의 독자들은 이미 여러 가지 다이어트법을 시도

했지만 실패했을 가능성이 높고, 새로운 방법에 목말라 다른 책들을 찾고 있을 것이다. 이들은 어떤 생각을 할까? '다이어트 방법이 정말 많은데 누구에게나 다 똑같이 적용되는 걸까?', '나한테 맞는 다이어트법을 찾으려면 어떻게 해야 할까?', '유행 중인 방법 중 잘못된 건 없는 걸까?', '볼륨감을 유지하면서 살 빼는 방법은?' 등등일 것이다. 그 주제에 관련된 독자들의 생각을 끌어내서 목차를 만들고 원고를 쓴다면 독자들은 자신의 궁금증을 속 시원히 해결해 준다고 생각해 책을 재미있게 읽을 수 있다.

### 예비저자 질문 톡톡

#### 내 원고가 대중의 기호에 맞는지 알고 싶어요

홀로 책을 쓰고 나면 문득 '이 원고를 독자들이 좋아할까?' 하는 불안감이 엄습하게 된다. 보다 많은 사람들이 이 책을 사랑했으면 좋겠다고 생각한다면 기획 단계에서부터 소비자(독자)를 만날 수 있다면 좋을 것이다. 소비자들의 니즈를 알아내어 책의 기획에 반영하는 거다. 같은 목적을 가진 사람들 몇 명과 모임을 만들어 원고를 평가하는 시간을 정기적으로 갖는다면 어떨까? 이런 걸 합평(合評)이라고 한다. 합평을 할 때 대원칙이 있다. 첫째 예의를 지킬 것, 둘째 소비자로서 정확하게 평가할 것, 이다. 예의를 지키지 않으면 예비저자에게 마음의 상처를 남기기 쉽고, 예의를 신경 쓰느라 정확성을 포기하면 아무 도움이 안 될 것이다. 정중하고 정확하게, 이 두 가지를 기억하면서 합평 모임을 해 보길 추천한다.

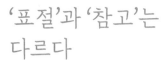

# '표절'과 '참고'는
# 다르다

어떻게 하면 책을 잘 쓸 수 있냐고 묻는 예비저자들에게, 기성저자들이 많이 권장하는 방법이 참고도서를 찾으라는 것이다. 말 그대로 나의 책을 기획하는 데 참고가 될 만한 도서를 찾으라는 것이다. 앞서 출간된 도서들의 장단점을 분석해 그와 다른 차별성을 찾는 건 꼭 필요하다.

또한 독자들에게 반드시 전달해야 하는 사실이나 지식 정보를 찾고자 도서나 논문 등을 참고하게 되는데, 필요한 내용을 내 책에 담아서 소개할 수도 있다. 이런 걸 인용이라고 한다. 도서와 논문 등 참고자료를 잘 활용하면 많은 도움이 되지만, 잘못 사용하면 표절이라는 평가를 받을 수 있다. 그래서 여기서는 세간의 궁금증을 풀어 주고 원저작권자를 존중하면서 참고 자료를 활용하는 방법을 알려 주고자 한다.

## '짜깁기'는 불법 아니냐는 궁금증에 대하여

짜깁기의 사전적 의미는 '직물의 찢어진 곳을 그 감의 올을 살려 본디대로 흠집 없이 짜서 깁는 일' 혹은 '기존의 글이나 영화 따위를 편집하여 하나의 완성품으로 만드는 일'이다(출처: 표준국어대사전). 세간에서는 '짜집기'라고 하는데 잘못된 표현이고, 짜깁기가 정확한 표현이다.

의미에서 알 수 있듯이 짜깁기는 기존의 글 등을 바탕으로 해서 또 다른 글을 만드는 것이다. 예를 들어서 조선사에 대한 많은 학자들의 연구를 바탕으로 조선의 선비 정신에 대한 책을 쓴다던가, 세계적 경제학자 피터 드러커가 서술한 책들과 언론 인터뷰 기사 등을 참고하여 피터 드러커 경영철학서를 쓰는 경우이다. 수많은 자료를 집대성해 정리하면서 집필자 본인의 해석을 가미해 쓰게 된다.

짜깁기 자체가 문제가 되는 건 아니다. 앞서도 언급한 바 있지만, 현존하는 지식/정보는 아주 오랫동안 세계의 수많은 사람들의 연구와 성찰로 만들어진 것이다. 내가 발명왕 에디슨 위인전을 계획한다면 그를 직접 만나는 게 아니라, 에디슨에 대한 수많은 연구 자료를 보고 정리하고 해석하는 것이다.

그래서 짜깁기는 지식/정보를 취급하는 도서에서는 필연적인 행위인데, 중요한 건 꼭 출처 표기를 해야 한다는 것이다. 인용한 내용에 각주를 달아 주고 챕터 혹은 본문 뒤에 참고문헌을 일목요연하게 정리하면 된다. 각주를 달면 독자들이 어려운 책처럼 인식할까 봐 걱정스럽다면, 본문에서 인용 문장을 소개할 때 누가(저자), 어느 책/논문에서(책 제목), "(본문 내용)"라고 썼다(인용 문장), 이렇게 표현해야 한다. 각주나 참고문헌으로 정리할 때는 다음과 같이 정리하면 된다.

**국내 도서의 경우**

저자, 책 제목, 출판사, 발행연도, 쪽수

**번역 도서의 경우**

저자, 역자, 책 제목, 출판사, 발행연도, 쪽수

**논문의 경우**

저자, 논문 제목, 논문지(학술지), 권(호), 발행연도, 쪽수


## 내 스타일로 편집했는데 표절이라뇨?


짜깁기 혹은 편집이라는 이름으로 참고 자료를 활용한 집필이 많이 이뤄지고 있다. 지식/정보를 취급하는 도서에서는 필요한 일이다. 그런데 가끔 이런 경우가 눈에 띈다. 예를 들어 보겠다.

내일 지구가 멸망해도 한 그루 사과나무를 심겠다.

네덜란드의 철학자 스피노자의 명언으로, 내일 당장 안 좋은 일이 생기더라도 나의 미래가 어떻게 될지 모르더라도 오늘 내가 할 일은 충실히 해내겠다는 의미이다. 시대를 초월한 명언인데, 이 글을 보고 너무 마음에 든 사람이 있다고 가정하자. 그는 이 문장을 자신의 것처럼 책에 쓰고 싶지만 표절하고 싶진 않았다. 그래서 이렇게 문장을 수정한다.

내일 지구가 망해도 포도나무를 심을 거야.

어디가 바뀌었을까? 멸망해도→망해도, 한 그루 사과나무→포도나무, 심겠다→심을 거야, 이렇게 바뀌었다. 이런 문장을 다른 사람의 창작물을 참고해서 자신의 것으로 재창조한 것이라고 볼 수 있을까? 위의 예시 속 인물이 '남의 것이 너무 마음에 들어 내 것인 양 책에 쓰고 싶지만 표절하고 싶진 않았다'는, 생각 자체가 말이 안 되는 것이다.

표절이란 다른 사람이 창작한 저작물의 일부 또는 전부를 도용하여 사용하여 자신의 창작물인 것처럼 발표하는 것을 말한다(출처: 두산백과). 표절이란 개념의 핵심은 '남의 것을 내 것인 양 발표'하는 것이다. 2008년 교육인적자원부가 발표한 '인문, 사회, 과학 분야 논문 표절 가이드라인 모형'에 따르면, '여섯 단어 이상 연쇄 표현이 일치하는 경우', '생각의 단위가 되는 데이터 등이 같거나 유사한 경우' 등을 표절이라고 보았다. 단행본에서도 참고할 수 있는 기준이라고 생각한다.

많은 예비저자들이 참고와 표절의 경계를 헷갈려 한다. 편집자들도 표절을 가려내기 어려울 때가 많다. 법률 전문가들도 법적으로 표절을 판가름하기가 까다로운 사례들이 많다고 말한다. 그러다 보니 애매한 혹은 위험한 사례들이 발생하고 있다. 도서 A와 도서 B, 도서 C의 목차를 섞어서 자신의 목차를 만들거나, 좋은 문장 여러 개를 섞어서 자기 문장인 양 만들거나, 누군가의 연구 결과를 출처 표기 없이 책에 담기도 한다. 누군가의 성찰이 너무 훌륭해 보여서 단어 한두 개를 바꿔서 자기표현인 것처럼 소개하기도 한다. 이걸 짜깁기, 윤문潤文 혹은 편집이라고 표현하는 사람도 있는데, 잘못된 개념이다.

짜깁기나 편집은 지식/정보를 취합하여 쓸 때 하는

행위고, 저작권자의 독자적 연구 결과나 사색, 성찰의 결과를 몰래 베낀다는 의미가 아니다. 마음에 들어 내 책에 사용하고 싶다면 출처 표기를 하는 게 바람직하다. 기성 저자들, 글쓰기 선생님들이 초보저자들에게 좋은 문장을 많이 베껴 쓰라는 것도 훌륭한 문장 구조를 익히는 훈련을 하고 자신의 콘텐츠를 좋은 문장으로 표현하는 방법을 배우라는 의미이지, 남의 표현이나 의미를 몰래 가져오라는 게 아니다.

물론 사람 생각이 비슷하다 보니 남의 것을 참고하지 않았는데 유사하게 나오는 경우도 정말 많다. 편집자들도 책 제목이나 꼭지 제목을 멋지게 짓고 나서 검색했을 때 비슷하거나 똑같은 제목을 발견하고 놀라기도 한다(저작물의 제목은 저작권법 보호 대상이 아님). 표현의 유사성을 가늠하는 것과 고의성에 대한 객관적 입증이 어렵다는 점에서, 표절을 법적으로 판가름하는 건 정말 복잡하고 까다롭다. 하지만 몰래 가져온 것이라면 적어도 당사자는 알 것이다. 양심의 문제이다.

현행 저작권법에 따르면 타인의 저작물의 내용을 일부라도 사용하고 싶다면 저작권자의 허락을 받아야 한다. 하지만 다들 알다시피 허락 없이 사용되는 경우가 훨씬 더 많다. 워낙 '허락 없는 사용'이 만연하여 저작권자도 이의 제기를 하지 않는 듯하지만, 그렇다고 해서 악용해서는 안 될 것이다. 출처 표기를 명확하게 해 주고, 저작권자의 허락 없이 지나치게 많은 양을 가져오거나 저작권자의 강점 콘텐츠를 자기 것인 양 베끼는 경우는 없어야 한다. 이것이 저작권자에 대한 최소한의 도리가 아닐까.

타인의 오랜 연구 결과물, 유려한 문장과 깊이 있는 성찰이 마음에 들면 원문대로 인용하면서 출처 표기를 해야 한다. 정확하게 소개해 줘야 독자들이 도움을 받을 수 있다. 잘못된 방식으로 만들어진 콘텐츠를 여러 사람들이 재인용하면서 벌어지는 문제도 많다. 전혀 의도하지 않았는데 유사한 경우는 어쩔 수 없지만, 참고라는 미명하에 의도적으로 남의 것을 몰래 가져와 자기 것처럼 발표하는 행위는 삼가야 한다. 저자로서의 길을 나선 나 자신을 위해 그리고 책이 가진 선한 영향력을 위해서 말이다.

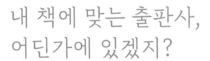

# 내 책에 맞는 출판사,
# 어딘가에 있겠지?

책 출판을 꿈꾸는 예비저자들은 자신의 소중한 원고를 정성껏 출판해 줄 출판사를 찾아야 한다. 서점에 나가서 도서들의 판권지를 살펴보고 연락처를 확보한 후 출간기획안을 이메일로 투고하면 되는데, 출판사들 중에는 홈페이지나 블로그 등에 투고 창구를 별도로 마련해 둔 곳들도 있으니 그에 맞게 기획안을 보내면 된다.

출간기획안 양식은 인터넷에 검색하면 쉽게 찾을 수 있으니 참고하여 작성하면 된다. 대개 '기획의도, 저자 소개, 차별점, 홍보 방안, 목차, 원고(전체 혹은 일부)' 등 여섯 가지가 기획안의 가장 중요한 요소이다. 초고를 다 집필하고 기획안을 만들어 투고해도 좋고, 일부만 쓰고 기획안을 만들어 투고해도 좋다. 어떤 형태든 기획안은 있는 게 좋다. 편집자들은 책 편집 업무를 하면서 짬짬이 투고된 아이템들을 검토하기 때문에 초고 전체를 바로 정독하기가 쉽지 않다. 기획안을 첨부하면 보다 쉽고 빠르게 아이템을 파악하는 데 도움이 된다.

## 기획안, 어떻게 작성할까?

기획안의 핵심 요소 중 목차와 원고(전체 혹은 일부)를 제외하고 네 가지에 대해 간단히 정리해 보겠다.

먼저 '기획의도'는 저자가 이 책을 쓴 이유를 말한다. 편집자들이 저자와의 첫 미팅 자리에서 반드시 하는 질문이 "이 책을 왜 쓰셨나요?"라는 것이다. 저자의 경험과 전문성, 그 주제와 관련되어 불특정 다수의 대중이 느끼는 궁금증, 호기심, 어려움 등을 연결하여 작성하면 된다. 예를 들면 '많은 이들이 잦은 배앓이 증상을 겪고 있으며, 나 역시 그렇다. 의사로서 이 증상을 연구하여 마침내 증상을 호전할 방법을 찾았고, 이를 책으로 썼다'라는 식으로 하는 것이다.

두 번째 '저자 소개'는 앞서 2장에서 언급한 것처럼 책 주제와 직접 연관된 저자의 전문적인 활동과 공부, 경험을 중심으로 기술하면 된다.

세 번째 '차별점'은, 이 책과 비슷한 콘셉트의 책이 이미 시장에 많이 출판되어 있는데 이 책만의 차별점이 무엇인지를 적는 것이다. 예를 들어 0~3세까지 아이를 잘 키우기 위한 육아서라고 한다면, 내 책에서는 특별히 '아이와 즐겁게 놀아 줄 방법'을 중점적으로 다뤘다든지, '수 많은 육아 현장에서 검증된 방법을 정리'했다든가, '그림책 읽기를 통해 아이의 정서 지능을 함께 키울 방법'을 담았다거나 하는 식으로 쓰는 것이다.

네 번째 '홍보 방안'은 이 책이 나왔을 때 저자가 책과 관련되어 어떤 활동을 할 것인지를 적는 것이다. 책 주제로 강의를 한다든가, 교육 프로그램을 진행한다던가, CEO 모임 등에 홍보한다던가 등등의 활동 내용을 구체적으로 적으면 된다. 과거처럼 책 광고나 오프라인 이벤트 등을 해도 책이 잘 팔리지 않기 때문에 출판사들은 저자가 책과 관련된 다양한 활동을 하는 데 기대를 걸고 있다. 첫 책 저자라 하더라도 소위 마케팅력이 있는 저자를 선호하는 추세이므로, 그런 능력이 있는 분이라면 마음 껏 매력을 어필하기 바란다.


## 자비출판, 기획출판, 반기획, 독립출판… 알아 두면 유용한 출판의 종류


책을 만드는 데 있어 다양한 출판의 형태가 존재하는데 자비출판, 기획출판, 반기획, 독립출판 등 네 종류가 있다.

먼저 자비출판은 이름 그대로 저자가 책 출판에 들어가는 모든 비용을 부담하는 형태의 출판을 말한다. 저자가 출판의 주체가 되기 때문에 책 제목, 표지디자인 등 모든 영역에서 저자의 의도를 그대로 살려서 책을 만들 수 있고, 인세가 일반적인 수준보다 훨씬 높다는 것이 장점이다.

출판사에서 책이 잘 팔릴 것 같지 않아 출간을 거절한 경우, 저자가 자비출판의 형태로 출판하기도 한다. 자비출판의 반대 개념은 상업출판인데, 이름 그대로 상업성을 담보로 한 출판을 말한다. 대중이 책값을 지불하고 살 만한 책을 만드는 출판 형태이다. 상업출판의 종류에는 기획출판과 반기획이 있다.

먼저 기획출판은 출판사가 출판 비용을 모두 부담하는 경우를 말한다. 기획출판에서 저자 인세는 10%가 최대치이고 저자의 영향력이나 콘텐츠의 상업성 등에 따라 조정되는 편이다. 대중에게는 기획출판이 일반적인 출판 형태로 알려져 있고 저자들도 기획출판을 가장 선호한다. 하지만 유사 이래 계속되는 출판계의 불황이 더 깊어지면서 출판사들이 기획출판 아이템을 선택하는 기준이 상당히 까다로워지고 있다. 아이템이 참신하거나 저자가 대중의 이목을 확 끌 만한 매력적인 요소를 가지고 있거나 마케팅력이 있는 경우 등에 출판사들이 호감을 나타낸다. 여기서 마케팅력이란 저자가 아직 책을 내진 않았어도 이미 대중에게 인지도가 높아서 책이 출판됐을 때 좋은 판매 결과를 기대할 수 있는 경우, 저자가 강의를 활발하게 하여 이를 통한 책 판매를 기대할 수 있는 경우, SNS에서 인기가 높아 팬덤이 형성된 경우 등을 말한다.

반기획은 저자와 출판사가 출판 비용을 분담하는 형태의 출판이다. 반기획이란 형태가 출현하게 된 원인으로 출판계의 불황을 꼽는 이들도 있지만, 출판사 입장에서 아이템은 마음에 드는데 독자들의 관심을 많이 받을 수 있을지를 낙관하기가 쉽지 않을 때 저자에게 제안하기도 한다. 출판사는 초기 투자에 대한 비용 부담을 줄일 수 있고, 출판이 꼭 필요한 저자 입장에서는 자비출판 비용보다는 적어서 선택할 수 있는 방법이다.

저자가 출판 비용 일부를 감당하는 것에 대해 거부감을 가지거나 부담스럽게 생각하는 저자들이 있다. 하지만 일반적으로 알려진 것보다 훨씬 더 많은 출판사들이 반기획 형태의 출판을 하고 있으므로 충분히 긍정적으로 고려할 수 있는 형태라 생각한다.

기획출판을 하면서, 즉 출판사가 출판 비용을 전액 부담해서 출판을 해 주지만 저자에게 초판 1쇄 인세를 지급하지 않는 조건으로 계약하는 경우도 있다. 이 역시 출판사에서 초기 투자 비용을 줄이기 위한 목적으로 이해하면 된다.

독립출판은 저자가 직접 출판 등록을 해 자기 책을 만드는 형태를 말한다. 자비출판은 저자가 출판사에 출판 비용을 전액 지불해 출판을 진행토록 하는 것이고, 독립출판은 저자가 직접 출판의 모든 과정을 진행한다는 점이 다르다. 직접 만드는 것이기에 발행부수도 저자 마음대로 할 수 있고, 100부 미만에서 수백 부까지 소량도 가능하다. 독립출판으로 발행된 책들을 보면 일반적인 출판 시장에서 보기 어려운 독특한 성질이나 저자의 개인적 성향이 부각된 아이템들이 많다.

근래 들어 독립출판이 많이 늘어났다. 그 이유는 과거와 달리 출판 시스템이 좀 더 쉬워지고 편해졌기 때문이다. 부크크와 교보퍼플처럼 POD Publish On Demand 출판을 하는 곳도 있다. POD출판이란 독자들이 책을 주문하면 그때그때 소량 제작하는 시스템으로 전자책과 종이책 모두 가능하다. 한 부씩 만드니 재고가 쌓일 위험이 없다. 저자 입장에서 출판 비용 부담이 안 든다는 건 매우 큰 장점이지만, 저자가 교정교열부터 편집 진행을 해야 하므로 책 디자인 퀄리티와 마케팅 면에서는 차이가 있다는 점은 기억해야 한다. 독립출판이 늘어가는 추세이므로 POD출판은 앞으로 더 발전할 수 있으리라 생각한다.

지금까지 설명한 네 종류의 출판 중 어느 것이 좋다고 꼽을 수는 없다. 저자와 출판사 모두 목적에 맞게 선택하면 된다. 중요한 건 저자는 최선을 다해 책을 집필하고, 출판사는 최선을 다해 책을 잘 만들어 독자들에게 소개해야 한다는 것이다. 어떤 출판 형태든 원고 자체에 애정을 가진 곳과 인연을 맺으면 된다.


## 종이책 말고 SNS에서 풀어 볼까?

많은 예비저자들이 종이책을 만드는 데 관심을 갖고 원고를 쓰면 출판사에 투고한다. 그러나 요즘에는 SNS에서 인기를 얻는 콘텐츠가 책으로 만들어지는 경우가 많다. 개인 페이스북이나 인스타그램, 다음 카카오 등에서 네티즌들에게 좋은 반향을 불러일으킨 콘텐츠가 책으로 만들어 인기를 끄는 사례들이 늘어나면서, 출판사들은 SNS를 부지런히 탐색해 신인 저자를 발굴한다.

그러니 첫 책을 구상 중인 예비저자들은 먼저 원고를 작성하고 다음 카카오, 페이스북이나 인스타그램 등을 통해 글을 정기적으로 연재하여 온라인상에서 팬층을 만든 후 종이책 출판으로 연결하는 방법도 있다는 걸 기억해 두면 좋겠다. 물론 종이책을 먼저 출판하더라도 SNS를 통해 저자 자신과 콘텐츠를 끊임없이 홍보해야 한다는 것을 잊어서는 안 된다.

예비저자 질문 톡톡

## 크라우드 펀딩으로 책을 만들 수 있다고요?

요즘 출판계에서 책을 만드는 방식에 '크라우드 펀딩'이 빠지지 않고 등장한다. 크라우드 펀딩이란 자금이 필요한 사람이 온라인 플랫폼 등에서 다수의 사람들로부터 자금을 모으는 행위를 말한다. 자신의 아이템에 대해 요약 소개하고 투자를 받고 싶은 목표 금액과 투자받는 기간을 설정하고, 투자자들에게 무엇을 대가로 제공할 것인지('리워드'라고 함)를 정한다. 사람들은 그 내용을 보고 투자에 참여한다. 텀블벅, 다음 스토리펀딩 등 크라우드 펀딩 플랫폼에서 리워드가 책인 경우 몇 가지 제한 조건이 있는데, 펀딩을 할 당시 그리고 펀딩 모집 기간에 출판되면 안 된다 등이다. 이런 점들을 잘 살펴보아야 한다. 목표액에 달성하지 못할 경우 투자받지 못하고 그대로 종료된다는 점도 기억해야 한다.

기존의 제도권 출판에서는 관심을 갖기 힘든, 마니아들이 좋아할 만한 아이템이 크라우드 펀딩의 힘으로 출판되었다. 〈죽고 싶지만 떡볶이는 먹고 싶어〉도 처음에 텀블벅을 통해 크라우드 펀딩을 해 목표 금액을 초과 달성해 출판되었던 경우이다. 크라우드 펀딩을 매개로 한 출판은 독자들이 자신이 원하는 책에 직접 투자해서 출판으로 이어진다는 점에서 앞으로도 발전이 기대된다.

# 저자와의 미팅 때
# 출판사가 꼭 물어보는 질문들

　내 원고에 애정을 가진 출판사를 만나 계약하는 것, 참 행복한 일이다. 저자는 크고 유명한 출판사가 내 책에 관심을 갖고 계약하자고 제안하는 모습을 상상하지만, 현실은 그렇지 않다. 냉정하게 표현하자면, 저자가 사랑하는 출판사가 있듯이 출판사도 자신이 사랑하는 저자가 있다. 그렇기에 대형 출판사를 잡으려고 노력하기보다는, 내 원고에 진심으로 관심과 애정을 보이는 출판사를 만나는 게 좋다. 그러한 출판사를 만났다고 가정하고, 출판사들이 저자에게 질문하는 것들을 정리하였다.

# "이 책을 쓰신 이유가 뭐죠?"

출판사들이 저자에게 늘 하는 질문 베스트Best를 꼽는다면 항상 상위에 오르는 질문이다. 세상에 숱한 책들이 이미 많은데 그럼에도 당신이 책을 쓴 이유, 즉 당신의 책은 다른 책과 무엇이 다른가 하는 차별화를 묻는 것이기도 하고, 당신이 어떤 사람이기에 이 책을 썼는가 하는 콘텐츠와 저자의 전문성을 연결해 묻는 질문이기도 하다. 자신의 콘텐츠의 특징, 강점을 저자의 전문적 지식과 경험 등과 연결하여 설명하면 된다. 예를 들어 건강 관련서라면, 내 책은 몸 구석구석의 군살을 빼 주는 운동법을 담았는데 아침저녁으로 10분씩만 해 주면 되고, 나는 헬스트레이너로서 오래전부터 건강을 유지하며 몸매를 만드는 법에 관심이 많아 열심히 노력한 끝에 살을 뺄 수 있었다, 라는 식으로 하면 된다.

## "저자님은 이 책이 나오면
## 어떻게 홍보하실 수 있나요?"

앞서 말했듯이 요즘 출판사들은 저자의 활동에 많은 기대를 걸고 있다. 저자가 전국 곳곳을 다니며 활발하게 활동할수록, SNS 활동이 많을수록 책 홍보에 도움이 된다고 생각하기 때문이다. 책 홍보와 관련하여 저자가 할 수 있는 모든 것을 솔직담백하게 설명하면 된다.

책이 나오면 출판사는 블로그, 인스타그램 등의 SNS와 서점을 중심으로 홍보한다. 서평단을 운영해 온라인상에 자주 노출될 수 있도록 노력한다. 오프라인 서점에 광고판을 걸기도 하고 좋은 위치에 책을 노출시키려고 매대를 구입하는 경우도 있다. 특히 이러한 경우는 생각보다 고비용이 들기에 저자는 출판사가 기대만큼의 활동을 하지 않으면 자기 책 홍보에 신경을 써주지 않는다고 불만을 가질 수 있다. 하지만 현실적으로 출판사들이 모든 책에 이러한 비용을 지출하지 못한다는 사실을 기억해야 한다.

## "원고는 언제까지 쓰실 수 있나요?"

출판사가 저자로부터 원고를 받는(원고 입고) 시기는 출판 일정을 좌우하는 중요 요소이므로 미팅 때 꼭 나오는 질문이다. 원고가 입고되는 시기를 알아야 출판사는 내부 편집 일정을 잠정적으로 잡아 놓는다. 앞서 언급했듯이 원고 작성 시간은 저자마다 개인차가 매우 크다. 하지만 기획부터 출간까지 1년으로 잡는다면 3~4개월간 집필하는 게 바람직하다.

원고 입고 시기와 함께 예상 출간 시점도 논의하면 좋다. 만약 저자에게 반드시 언제까지 책이 나와야 한다는 일정이 있다면 출판사에 미리 알려서 그에 맞게 준비해야 한다. 많은 저자들이 출판사와의 미팅 자리에서 "책이 언제쯤 나올 수 있어요?"라고 질문한다. 원고도 다 쓰지 않고서 말이다. 책 출간 시기를 좌우하는 건 저자이다. 저자가 원고를 완성도 있게 써서 예정된 마감일을 지켜야만 책이 원하는 시기에 나올 수 있다.

## "인세는 어느 정도로 생각하고 계세요?"

우리나라의 일반적인 상업출판 인세의 최대치는 책 정가의 10%이다. 저자의 영향력이나 아이템의 참신성 등으로 퍼센트가 조정된다고 보면 된다. 대개 6~10% 선에서 협의한다.

그렇다면 출판사는 90%를 갖게 되는 걸까? 전혀 그렇지 않다. 초판 1쇄의 경우 30~40%가 제작비, 그리고 55~60%가 서점 납품가이다. 초판 1쇄만 팔았다면 출판사의 마진은 '제로(0)'라고 해도 과언이 아니다. 출판사의 이익은 사실상 2쇄부터 발생한다.

인세를 논의할 때 출판사의 책 판매보고 시기도 확인하는 게 좋다. 출판사들은 규칙적으로 판매보고를 하는 편이다. 4분기로 나눠 3개월에 한 번씩 혹은 일 년에 두 번(상반기, 하반기) 하는데, 이 시기를 알아 두면 혹시 출판사에서 판매보고를 놓쳐도 연락해서 문의하기 좋을 것이다.

# 투고 후 출판사로부터
# '이런 말'을 들었다면 어떻게 할까?

기획안을 투고하고 출판사로부터 "원고는 마음에 드는데 윤문이 필요할 것 같다", "아이템은 좋은데 상업성이 부족한 것 같아 고민이다" 등의 평가를 받는 경우가 있다.

첫 번째는 출판사가 보기에 아이템이 괜찮고 저자도 마음에 드는데 원고 구성이나 문장이 거칠어서 편집자가 다듬기에 부담되는 수준인 경우이다. 원고가 마음에 들지 않으면 거절하면 되지만, 그렇게 하기엔 아쉬운 것이다. 그래서 원고를 기술적으로 매끄럽게 다듬어 줄 전문가(구성작가)에게 원고를 맡기는 게 어떻겠냐고 저자에게 제안하기도 한다. 물론 전문가에게 원고를 맡길 비용(윤문비)은 저자가 부담하라는 취지이다.

두 번째는 아이템이 마음에 들지만 서점에서 독자들이 책을 많이 사지 않을까 봐 불안한 경우이다. 이럴 때 출판사는 저자에게 반기획을 제안하기도 한다. 물론 저자가 잘 알지 못하고 (사실상) 자비출판을 하는 출판사로 투고하여 자비출판 제안을 받는 경우도 있는데, 이럴 땐 출판사의 목적을 잘 파악해서 가부를 결정해야 한다.

첫 번째, 두 번째 모두 저자가 출판사가 책을 잘 만드는 곳인지, 내 아이템에 진심으로 관심이 있는지 등을 잘 생각해서 결정하면 된다.

# Chapter 3

# 알아두면 유용한
# 책읽기 기술

책읽기 실력을 한 계단
상승시켜 주는 기술

읽기와 쓰기는 서로 유기적으로 연결되어 있다.
똑같은 책을 읽더라도 내가 어떻게 읽느냐에 따라
깊이와 가치가 달라진다.

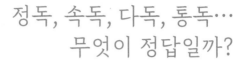

# 정독, 속독, 다독, 통독…
# 무엇이 정답일까?

　글자와 낱말의 뜻을 헤아리며 읽는 정독, 빠르게 읽는 속독, 처음부터 끝까지 훑어보는 통독, 부분만 읽는 발췌독, 소리 내어 읽는 낭독, 많은 책을 읽는 다독 등 검색창에 '독서법'만 검색해 봐도 수많은 독서 방법들이 쏟아져 나온다. 서점에만 가 봐도 너무나도 많은 독서법 책들이 출간되어 독자들의 마음을 움직인다.

　이렇게 하면 책을 더 잘 읽을 수 있을까? 이렇게 하면 더 많은 책을 읽을 수 있을까? 이렇게 하면 효율적으로 책의 내용을 기억할 수 있을까? 책을 잘 읽어 보고 싶은 마음에 시장에 나와 있는 다양한 독서법 책을 구매해 기술을 익히고 실천해 보지만 번번이 실패한다. 그렇다면 어떻게 책을 읽어야 할까? 나에게 잘 맞는 독서법을 찾을 수 있을까?

## 시장에 소개된 다양한 독서법들

정독精讀이란 뜻을 새겨가며 자세히 읽는 방법으로 책의 세세한 부분까지 주의하며 읽고, 빠진 부분이 없도록 머릿속으로 곰곰이 생각하면서 읽는 독서 방법이다. 내용을 꼼꼼하게 짚어 가며 읽다 보니 책의 내용을 자세하게 기억할 수 있지만, 꼼꼼히 읽는 만큼 속도가 느리고 소설과 같은 스토리와 감정의 흐름에 따라 읽어야 하는 도서에서는 오히려 느린 속도가 방해될 수 있다.

다독多讀이란 많이 읽는 방법으로 여러 종류의 책을 많이 읽고 접하는 방법이다. 다독은 많은 지식과 정보를 접하게 되므로 배경 지식을 쌓아 나가는 데 도움이 된다. 그러나 다독을 해야 한다는 부담감을 가지면 책의 권수를 채우는 데 급급하여 많이 읽어도 머릿속에 남는 게 없는 경우가 생길 수 있다.

속독速讀이란 빠른 속도로 책의 중심 내용이나 필요한 정보를 파악하며 읽는 것을 말한다. 책을 빨리 읽을 수 있으므로 한정된 시간 내에 많은 분량의 책을 읽을 수 있다. 그러나 짧은 시간 안에 많은 양을 읽을 수 있다는 장점이 있지만, 그 속도로 인하여 책의 중요한 정보를 놓치거나 감동을 느끼기 어려울 수 있다.

통독通讀은 한 권의 책을 처음부터 끝까지 읽어내는 독서 방법으로, 정독과 헷갈리기 쉽지만 뜻 하나하나를 헤아리며 읽는 정독과 달리 글의 전체적인 내용을 대략 살펴본다고 이해하면 좋다. 통독은 책의 내용을 이해하기 위해 눈으로만 살펴보는 것이므로 신문이나 잡지 등을 훑어보거나 서점에서 책을 고를 때 이용할 수 있다. 말 그대로 전체적인 내용을 훑어보는 방법이므로 머릿속에 정보를 저장까지 하기는 어렵다.

음독音讀이란 소리 내어 읽는 독서법으로, 낭독의 범위 안에 포함되지만 묵독默讀과 반대의 의미로 사용된다. 집중이 잘 안 되는 글이나 반드시 기억해야 하는 부분을 읽을 때 활용하면 좋은 음독은, 흔히 외국어 공부를 할 때 효과가 높은 방법이라 알려져 있다. 감정을 넣어 음독하게 되면 내용을 이해하는 것뿐만 아니라 장기 기억에도 도움을 주긴 하지만, 읽는 데만 집중하게 될 경우 그 의미를 명확하게 파악하지 못할 수 있으므로 주의해야 한다.

묵독默讀이란 소리를 내지 않고 눈으로만 읽어 내용을 이해하는 방법을 말한다. 눈으로만 읽기 때문에 반복 연습하면 글을 읽는 속도가 붙어 많은 양의 독서가 가능해진다. 그러나 글을 소리 내어 또박또박 읽어 나가는 음독 단계를 거쳐야만 묵독하는 힘 역시 기를 수가 있다. 마치 옛날에 서당에서 훈장님을 따라 천자문을 소리 내어 읽는 방법을 거쳐야 어려운 고전을 읽을 수 있었던 것처럼 말이다. 묵독의 경우 눈으로 빠르게 읽는 것이기 때문에 속도감 있게 책을 읽을 수 있어 소설 등의 문학 작품을 읽는 데 도움이 되지만, 정보를 기억하는 데는 적합하지 않을 수 있다.

적독摘讀이란 한 권의 책 중에서 필요한 부분만 골라 읽는 방법으로 흔히 발췌독이라고 알려져 있다. 필요한 부분만 찾아 읽다 보니 얻고자 하는 정보만을 선택하여 읽을 수 있어 효율적이지만, 책의 전체 흐름을 파악할 수 없다는 단점이 있다. 메모하며 읽는 방법을 병행한다면 단점을 보완할 수 있다.

| 독서 방법 | 장점 | 단점 |
|---|---|---|
| 정독 | 내용을 자세하게 기억할 수 있음 | 속도가 느림 |
| 다독 | 많은 책을 접할 수 있음 | 권수에 집착할 경우 머릿속에 남는 게 없을 수 있음 |
| 속독 | 빠른 시간 안에 책을 읽을 수 있음 | 책의 중요한 정보를 놓칠 수 있음 |
| 통독 | 책의 전체적인 내용을 파악하기에 용이 | 내용 파악에 적합하므로 정보를 기억하기에 적합하지 않음 |
| 음독 | 내용 이해가 잘 되고 장기 기억에 도움을 줌 | 읽는 행위에만 집중하게 될 경우 의미 파악이 어려울 수 있음 |
| 묵독 | 눈으로만 읽기 때문에 익숙해질 경우 많은 양의 독서 가능 | 정보를 이해하고 기억하는 데는 적합하지 않을 수 있음 |
| 적독 | 필요한 정보만을 효율적으로 얻을 수 있음 | 책의 전체 내용을 파악하기 힘듦 |

(출처: 두산백과 참고)

# 나에게 알맞은 독서 방법을 찾아라

흔히 알려진 독서 방법을 일곱 가지로 정리하여 장점과 단점을 나열했지만, 사실 독서법에 정답은 없다. 각자의 독서 스타일이 다르기 때문에 자신에게 알맞은 방법을 찾는 것이 가장 좋다. 예를 들어 책을 읽더라도 머릿속에 잘 남지 않아 고민이라면 음독을 하여 의미를 되새기는 방법을 취하고, 시험을 준비하는 상황이라면 통독으로 전체적인 맥락을 파악한 뒤 정독으로 꼼꼼하게 자료를 읽은 후 속독으로 반복하여 보는 것이 좋다. 소설 같은 흥미 위주의 책을 빠르게 읽고 싶다면 묵독을 하는 것이 효과적일 것이다.

주의해야 할 것은 이렇게 하면 좋다더라, 저렇게 하면 효과적이더라는 방법론에 사로잡혀 이것저것 따라 해 보는 건 그리 바람직하지 않다는 것이다. 물론 한번 시도해 볼 수는 있지만, 나에게 맞지 않는 방법을 고집할 필요도 없다. 나에게 안 맞다 싶으면 과감하게 포기하고 나에게 맞는 방법을 다시 사용하면 되는 일이니 말이다.

다만 강조하고 싶은 사실 하나는 정독, 다독, 속독,

통독, 음독, 묵독, 적독 중 한 가지 방법만으로 책을 읽지 말라는 것이다. 책을 읽기 전 개인의 판단하에 어떤 방법으로 읽는 것이 좋은지 먼저 고민해 보길 바란다.

책은 다른 사람의 생각과 지식을 읽을 수 있는 도구다. 어느 한 가지 방법에 치우치게 되면 나무만 보고 숲을 보지 못하는 우를 범할 수 있고, 수많은 나무를 보더라도 숲을 이해하지 못하면 올바른 독서라 볼 수가 없다. 부디 이 점을 기억하여 자신에게 알맞은 독서 방법을 찾아보길 바란다.

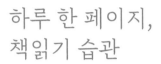

# 하루 한 페이지,
# 책읽기 습관

　어떻게 하면 책에 취미를 붙일 수 있을지 고민이라고 이야기하는 예비저자들을 종종 만난다. 책이 좋다는 건 알고 있지만 막상 읽으려고 하면 재미가 없어서, 졸음이 오고 집중이 잘 되지 않아서 등의 이유로 책이 손에 잡히질 않는다고 말하는 이들이 많다. 바쁜 일상 속에서 책을 가까이하기가 생각보다 쉽지 않다는 것이다. 그렇다면 책읽기를 좀 더 쉽고 재미있게 할 수 있는 방법이 있을까?

# 책에 대한 좋은 기억을 만들자

나는 어릴 때부터 책읽기를 좋아하는 편이었다. 본래 타고난 성격이 활발하지 않고 내성적인 편이라 밖에서 뛰어놀기보다는 방 안에서 책 읽는 걸 좋아하기도 했지만, 평소 감정 표현을 많이 하지 않았던 부모님이 책 읽는 모습을 보면 아낌없는 칭찬을 해 주었기 때문에 더욱 책 읽는 걸 좋아하게 되었다.

특히 재미있게 읽은 책을 가족이나 친구들에게 설명해 주는 걸 좋아했다. 엄마가 집안일을 하거나 음식을 할 때 옆에서 거들면서 곁에서 끊임없이 조잘거리며 오늘 읽은 책에 대해 이야기하곤 했다. 지금 생각해 보면 두서없기 그지없고, 책 내용을 그대로 옮기지도 못해 제멋대로 살을 붙여나가 결국 읽은 책 내용과 이야기가 전혀 달라지기도 했지만, 엄마는 신나게 떠드는 이야기에 귀 기울여 들어 주었고, 가끔 질문도 던져 주며 참 재미있다고 맞장구를 쳐 주었다. 그런 엄마에게 책 이야기를 해 주기 위해서라도 책을 열심히 읽었고, 재미있게 이야기하는 법에 대해 나름 고민했다.

이렇게 읽은 책의 권수가 쌓여 가다 보니 학교에서 숙제로 내주는 독서노트도 밀리지 않고 꼼꼼하게 기록할 수 있었다. 엄마나 친구들에게 했던 이야기들을 잘 정리한 뒤 생각을 덧붙여 나가면 한 페이지 채우는 정도는 어렵지 않은 일이었다. 독서노트를 쓰다 보니 어떻게 써야 잘 쓰는지 요령도 늘어서, 선생님께 곧잘 칭찬을 받기도 했다. 선생님 추천으로 글쓰기 대회에 나가 크고 작은 상을 몇 번 타다 보니 자연스럽게 책읽기 외에 글쓰기에도 자신감이 붙기 시작했다.

실제로 만6세에서 12세까지는 뇌의 두정엽과 측두엽이 빠르게 발달하는 시기라고 한다. 초등학생에 해당하는 이맘때엔 자신의 의사 표현을 제대로 하고 논리적으로 따지기를 좋아하는 시기이기도 해서 언어 능력을 키워 주거나 책읽기 습관을 들이기에 가장 좋은 때이다. 이 시기에 소리 내어 책을 읽으며 음성과 문자를 연결시키는 훈련을 하고, 그림을 통해 이야기가 전개되어 가는 책으로 상상력을 키워 주는 게 언어 능력을 키우는 데 큰 도움을 준다.

EBS 다큐 〈아이의 사생활〉에서는 아이의 지능을 개

발시켜 주기 위해서는 아이 스스로 동기부여가 중요한데, 동기를 불러일으키기 위해서는 아이가 제시하는 아이디어나 기발한 착상에 대해 부모가 관심을 기울이며 동참하는 것이 무엇보다 중요하다고 했다. 부모에게 칭찬과 인정을 받을수록 아이의 만족감은 커지고, 이야기에 대한 적절한 질문을 통해 아이 스스로 논리력을 키워 나가며 커뮤니케이션 능력을 키우는 것이 언어 능력과 논리력 향상에 도움을 준다는 것을 확인할 수 있었다.

나의 부모님은 평소 능숙하게 감정 표현을 하고, 행동 하나하나에 관심을 주시는 편은 아니었지만, 관심 갖고 좋아하는 책을 읽을 때면 아낌없는 칭찬을 해 주었고, 이야기에 귀 기울여 주었기 때문에 나는 책을 읽고 쓰는 행위를 좋아하게 되었다. 어린 시절 책을 읽고 쓰는 취미가 특기가 되어 직업으로 삼게 되는 저자들이 많다는 점을 생각해 보면, 적절한 칭찬과 경청은 아이의 책읽기에 직간접적인 도움을 줄 수 있지 않을까 한다.

# 책읽기 근육을 키워라

어른들은 적절한 칭찬과 부모님의 지지로 책읽기에 재미를 붙이는 시기는 지났지만, 그렇다고 독서를 취미로 삼기 어려운 것만은 아니다. 아이의 경우 곁에서 습관을 바로잡아주는 부모와 선생님이 필요하지만, 어른들은 자기 자신을 다독여 가며 습관을 만들면 되니 말이다.

어른들이 책을 재미없어하는 이유 중 하나는 책을 읽는 것이 지루하게 느껴져서가 아닐까 한다. 최근 영상 매체의 발달로 시각적, 청각적으로 자극적인 콘텐츠를 접하다가 비교적 정적인 매체인 책을 잡으려니 영 익숙하지 않은 것이다. 책 말고도 재미있는 게 많은데, 굳이 책을 읽어야 하나 싶을 테니 말이다.

나 역시 책 말고도 재밌는 게 많은 세상에서 책 만드는 게 직업이라 까만 글씨조차 읽기 싫어지는 '책태기(책+권태기)'에 시달린 적이 있다. 업무 중에 너무 많은 원고를 보다 보니 책을 읽는 것조차 지긋지긋해지는 것이다. 이때는 책 빼고는 다 재밌어서, 영화도 보고 드라마도 보고 유튜브도 보는 등등 종이와 글자로 된 것 빼고 모든 걸 씹고 뜯고 맛보고 즐기곤 한다.

그러나 나의 책태기는 늘 2주를 넘기지 못했다. 드라마를 보다가 재밌으면 책으로 만든 대본집을 기웃거리게 되고, 재밌게 본 영화가 있다면 원작이나 감독이 영감을 받았다는 작품을 찾아보았다. 유튜브 역시 짧은 시간 동안 집중해서 보는 재미가 있지만, 일방적으로 정보를 받아들이다 보니 생각할 수 있는 여지가 없어 취미를 붙이기 어려웠다. 다른 콘텐츠를 기웃거려도 결국은 돌고 돌아 책으로 돌아갔다. 너무 많은 원고에 치여 허덕이다가도, 좋은 소설가 혹은 시인의 글을 보며 위로받고, 좋은 문장 한 구절에 설레며 그 저자의 옛날 작품을 찾아보고, 고전이 왜 고전이라 불리는지 생각하며 이런 좋은 책을 이제야 본 나를 탓하기를 반복했다. 그래서 나의 책태기는 늘 2주를 넘기지 못했나 보다.

어떻게 하면 책읽기를 습관으로 만들 수 있냐고 물으면 사실 방법은 따로 없다. 내가 재밌게 읽을 수 있을 만한, 나에게 알맞은 책을 찾는 수밖에. 그리고 그런 책들을 읽어 나가면서 책읽기에 재미를 붙이고, 책의 권수를 늘려 가면서 내 안의 독서 근육을 점점 키워 나가는 것이 가장 좋다.

대신 책을 고를 땐 남이 좋다는 책이 나에게도 좋을 거란 생각을 버리고 직접 책의 제목, 저자 소개, 목차, 서문, 본문 일부 등을 꼼꼼히 훑어가면서 재미있을지, 없을지를 스스로 가늠해 봐야 한다. 만약 재미가 없다면? 책을 과감하게 덮어 버리면 된다. 세상에 재밌는 책이 얼마나 많은데, 나에게 맞지 않는 책을 억지로, 끝까지 읽을 필요는 없으니까. 그렇게 조금씩, 천천히 책을 읽는 습관을 만들어 나가면 책읽기가 더는 지루하거나 재미없다고 느껴지진 않을 것이다.

나에게 어떤 책을 제일 재미있게 읽었냐고 물으면 농담 반 진담 반으로 "내가 가장 재밌게 읽은 책은, 아직 읽지 않은 책이야."라고 대답하곤 한다. 한 주에 최소 50권, 1년이면 5만 권 이상의 책이 쏟아지는데 내가 평생 읽어온 책보다 읽지 못한 책의 수가 훨씬 많을 테니 말이다. 아직도 난 가장 재밌는 책을 만나지 못했다는 생각에 서점에 갈 때마다 무척 설렌다. 나처럼 그런 책을 찾지 못한 사람이라면, 오늘 바로 서점에 나가 보는 건 어떨까.

# 어렵고 불편한 책
# 정복하기

독서 습관은 하루아침에 좋아지는 것이 아니라, 꾸준한 독서의 산물이다. 하루 이틀 100미터 달리기를 한다고 금세 42.195km의 마라톤을 완주할 수 없는 것처럼 독서 역시 꾸준하게 반복하여 습관을 길러 주는 것이 좋다.

그런데 문제는 많은 사람들이 꾸준함과 반복적인 노력으로 성취를 얻기보다 적은 노력으로 큰 효과를 기대한다는 것이다. 어렵고 불편한 책은 외면하고 쉽고 예쁘고 가벼운 책만을 선호하는 것 같아 안타까운 마음이 들때도 있다. 그러나 우리의 생각의 크기는 어렵고 불편한 책을 읽을 때 훨씬 커지고 넓어진다는 걸 기억해야 한다.

## 어렵고 불편해도 읽어야 하는 이유

왜 우리는 어렵고 불편한 책을 읽어야 할까? 이 질문에 대한 답을 하기 전에 먼저 어렵고 불편한 책의 정의를 내려야 할 것 같다. 내 기준에서 '읽기 어렵고 불편한 책'은 세 가지로 나눌 수 있다.

첫 번째로 두꺼워서 읽기 전부터 한숨이 나오는 책으로, 〈서양철학사〉버트런드 러셀 저, 을유문화사 발행와 같이 1,000페이지에 육박하는 도서이다. 고대부터 현대까지 서양철학의 지평을 넓힌 세기의 고전이라는 찬사를 받는 책이지만 그 찬사를 내가 체감할 수 있을지 의문이 드는 두께다. 두께만큼 사람을 책에서 한 발짝 멀어지게 하는 건 없다는 생각이 들 정도로 압박감이 느껴져 사 놓고도 선뜻 손이 가지 않는 대표적인 책 중 하나다.

다음은 무슨 말을 하는지 알 수 없는 도서이다. 대표적으로 〈에티카〉바뤼흐 스피노자 저, 책세상 발행나 〈존재와 시간〉마르틴 하이데거 저, 동서문화사 발행 같은 책으로, 분명 한글로 번역된 것은 분명한데 내가 무엇을 읽는 것인지 아리송하다. 한 페이지를 30번을 반복해서 읽어도 이해할 수 없어서 난

감하다. 이런 책을 읽을 때면 내 문해력이 낮은 건지 심히 의심스럽기까지 하다.

　마지막으로 내가 생각하는 읽기 어렵고 불편한 책은 쉽사리 대답할 수 없는 질문을 던져 주는 책이 아닐까 싶다. 나의 사상과 도덕성, 살아온 가치에 따라 답이 달라질 수 있거나 어떤 것이 옳고 그른지에 대한 정확한 답을 내릴 수 없어 고민하게 만드는 문제들을 다룬 책 말이다.

　예를 들어 〈정의란 무엇인가〉마이클 센델 저, 김영사 발행에서 다룬 에피소드 '경로를 이탈한 전차' 이야기를 해 보자.

　눈앞에 철로를 고치고 있는 인부 5명과 탈선 경로 철로에서 수리하고 있는 인부 한 명이 있을 때, 전철을 멈출 수 없는 상황이라면 원래의 철로를 달려 인부 다섯 명을 죽일 것인가, 아니면 탈선을 해 한 명의 인부를 죽일 것인가란 질문을 받았을 때 '나는 어떤 선택을 할 수 있을까?'에 대한 고민을 다룬 책들 말이다. 다수의 행복을 위해 한 사람을 희생해야 하는 것이 옳은지, 아니면 순리에 따르는 것이 옳은지 쉽게 내릴 수 없는 질문과 마주할 때 우리는 어렵고 불편함을 느끼곤 한다.

　분명 이러한 질문은 일어나지 않은 일로 우리의 마

음을 불편하게 하고 머리를 아프게 만든다. 하지만 살아가면서 어떤 선택을 해야 할 때 끊임없이 자신에게 질문을 던지는 것처럼, 책을 읽으며 질문을 자신에게 던지고 그 답을 찾아가는 과정을 통해 우리는 자신만의 기준과 잣대를 만들어 나갈 수 있고, 답을 찾는 훈련을 거듭하면서 비판적이고 논리적이면서도 창의적으로 생각하는 법을 익히게 된다.

혹 내 생각에 반하는 답을 책에서 소개할지라도 '그렇게 생각할 수 있겠구나.'라고 상대방의 생각을 인정하고 존중하며 내 생각을 유연하게 수정하거나 보완해 나갈 수 있다는 점 역시 어렵고 불편한 질문이 던져 주는 장점이라 할 수 있다. 이러한 생각의 연습을 할 수 있는 도구 중 하나가 책이어서, 내 입에 달콤하고 부드러운 맛의 책만 골라 읽기보다는 독하고 매운맛의 책을 읽는 것도 도움이 된다.

# 내 안의 도끼가 되어 줄 책을 찾아서

〈변신〉을 쓴 프란츠 카프카는 "책은 우리 안에 꽁꽁 얼어붙은 바다를 부수기 위한 도끼여야 한다."고 말한 바 있다. 책이 우리의 내면을 찌르고, 머리를 한 대 후려 갈겨서 깨울 수 있을 정도로 충격적이지 않다면 책을 읽을 이유가 없다고 생각한 그는, "마치 우리가 우리 자신보다 더 사랑했던 사람의 죽음처럼, 마치 모두에게 떨어져 숲속으로 내쫓긴 것처럼, 마치 스스로 죽음을 선택하는 것처럼, 우리를 깊은 슬픔에 빠뜨릴 책이 필요하다."고 말했다. 책은 우리의 단단한 생각을 부숴 주는 도구여야 한다고 말하며 책을 곧 도끼라고 생각한 그의 비유처럼 책은 우리가 편견에 맞서고 당연하게 생각한 것들을 깨어 줄 수 있는 도구가 되어야 한다.

그렇다고 해서 처음부터 어려운 책들을 단숨에 읽을 수는 없을 것이다. 독서 습관은 하루아침에 좋아지는 것이 아니라 꾸준함과 반복적인 훈련으로 단련되는 근육 같은 것이기 때문이다. 책 읽는 습관이 제대로 잡히지 않았다면 평소 읽고 싶었거나 끌리는 책을 선택하여 독서에 취미를 붙이는 것이 중요하다. 권수에 집착하기보다는 목적을 두고 읽는 것이 중요하며, 나와 맞지 않다면 과감히 덮어도 괜찮다. 이런 과정을 통해서 점점 책과 가까워지는 것이 중요하다.

어떤 책을 읽어야 할지 막막하다면 '중고생 필독서', '서울대 추천도서 100선', '시카고대학교 독서리스트(시카고 플랜)' 등과 같이 믿을 만한 기관이나 단체에서 추천한 도서들을 검색하여 자신만의 리스트를 만드는 것도 좋다.

나는 일명 '도장 깨기'라고 이름 붙여 나만의 필독서를 만들어 리스트를 지워 나가는 재미로 책을 읽기도 한다. 1년에 한 권도 좋고, 두세 권도 상관없이 개인적인 성취에 목적을 두면 어렵고 불편한 책읽기가 조금 덜 부담스럽게 느껴질 것이다.

평소 읽지 않은 책들도 관심 있게 살펴보면서 장르를 넓혀 가거나 평소에 읽고 싶긴 했지만 두꺼워서 포기했거나 어려워서 미뤄 두었던 책들도 선택해 보는 것도 좋다. 읽기 어렵다는 이유로 비슷비슷한 수준의 책만 읽다 보면 독서력은 제자리에 멈춰 있게 된다. 세상은 자신이 아는 만큼 보이고, 보이는 만큼 해석이 가능하기에 어렵고 불편한 책도 반복적으로 읽다 보면 책 읽는 근육이 생겨 성장할 수 있다.

나는 '단짠단짠 기법'을 사용하여 책을 읽곤 하는데, 말 그대로 '단 것'은 평소 좋아하는 장르인 소설이나 에세이 같이 읽기 편안한 책을 말하고, '짠 것'은 구매만 해 놓고 책장 속에 박아 두거나 한두 장 읽고 포기했던 어렵고 심오한 책들을 말한다. 이런 책들을 섞어서 읽는 것이다. 짠맛을 넘어 맵고 쓰다고 할 정도로 어렵고 무게감 있는 책을 읽을 때면 평소 좋아하는 저자의 신간을 두세 권쯤 넣어 입맛을 희석하기도 한다. 이렇게 하면 어려운 책을 읽어 내는 마라톤이 조금은 덜 지루하고 덜 고단하게 느껴진다.

만약 선택한 책 중에 어렵고 이해가 잘 되지 않는다면 그 책은 내가 아직 읽을 준비가 되어 있지 않다고 판단하여 덮기도 하지만, 내 수준보다 어려운 책일 수도 있기 때문에 입문서를 활용하여 읽기도 한다. 특히 철학책의 경우 원전을 읽으면 책 근육을 단련시키고 성취감을 얻는 데 큰 도움이 되긴 하지만, 책의 흥미를 아예 떨어뜨리는 단점이 있기 때문에 조심해야 한다. 나의 경우 〈짜라투스트라는 이렇게 말했다〉프리드리히 니체 저, 민음사 발행를 읽을 때 책을 아예 멀리하고 싶은 '책태기(책+권태기)'가 올 것 같아 허겁지겁 만화로 된 어린이용 책(원전을 어린 이의 눈높이에 맞춰 쉽게 풀어서 구성한 책이었는데, 어려운 고 전의 경우 어린이용 도서가 입문서의 역할을 할 수 있음)을 구 매해 읽었고, 이것도 이해가 잘 되지 않아 유튜브에 올라 온 짤막한 강의를 통해 저자인 니체가 이 책을 왜 쓰게 되었는지, 어떤 사상을 기반으로 썼는지를 익힌 경험이 있다.

이러한 과정이 번거롭고 귀찮다는 생각이 들기도 하 지만, 그래도 한 번쯤 읽어 보고 싶었던 책이기에 쉽게 포기하고 싶지 않았다. 분명한 것은 입문서를 읽고 강의 를 찾아보고 난 후 원전에 접근하니 전보다 한결 수월하 게 읽을 수 있었다는 것이다. 이렇듯 어렵고 재미없다는 이유로 선택한 책을 포기하기보다는 입문서나 어린이용 만화책, 청소년을 위한 도서, 짧게 정리한 축약본을 활용 하여 읽는 것도 도움이 된다.

책을 읽는 방법에 정답이 있다고 말할 수는 없지만, 다양한 책을 여러 가지 방법으로 읽어 보려고 시도하는 것이 중요하다. 단짠단짠이니, 책태기 극복법이니, 도장 깨기와 같은 우스운 이름을 붙여 가며 책을 읽는 이유는 이러한 불편한 과정을 통해 책읽기 근육이 단련된다는 것을 경험으로 알고 있기 때문이다.

물론 처음부터 쉬운 것은 아니다. 책을 읽어도 이해가 잘 되지 않고 어려워서 포기하고 싶을 때도 있지만, 읽은 책의 권수가 쌓이다 보면 이해가 되지 않던 것도 자연스럽게 이해가 되는 시기가 오고, 내 사고의 깊이가 전보다 조금 깊어졌구나, 라는 생각을 하게 된다. 이러한 과정이 나를 성장시켜 주는, 바로 카프카가 말한 도끼가 되어 준 책의 효과가 아닐까 한다. 그런 면에서 내 안의 도끼가 되어 줄 책을 찾는 재미를, 어렵고 불편한 책이 주는 기쁨을 예비저자들도 느껴 보길 바란다.

# 함께 읽는 것도
# 방법이다

책을 읽는 것은 단순히 문자를 받아들이는 것이 아니라 저자의 생각을 읽어 내는 과정을 통해 나만의 생각을 정리하고 만들어 내는 것이다. 책을 읽고 사유하고 사색하는 시간을 갖는 것이 중요한 이유 중 하나다. 그러나 책을 혼자 읽다 보면 생각의 한계에 부딪히거나 자신의 생각만 옳다는 아집에 빠지기 쉽다. 책을 읽는 이유는 단단한 내 머릿속에 자리 잡은 얼음을 도끼로 깨고, 부드럽고 유연해지기 위해서인데 말이다. 그렇다면 혼자만의 독서가 위험해지지 않기 위해서는 우리는 어떻게 해야 할까?

# 읽고 생각을 나누는 여러 가지 방법

책을 읽은 뒤 사색을 통해 자신만의 고유의 생각을 키울 수 있게 된 것은 분명 책의 긍정적인 효과임이 확실하다. 사고의 넓이와 깊이는 다양한 책을 읽고 생각하면 할수록 조금씩 확장되긴 하지만, 자신이 아는 만큼 보이고 보이는 만큼 해석이 가능하기 때문에 혼자만의 독서는 자칫 생각을 편협하게 만들기 쉽다. 이때 내가 읽은 느낀 점을 다른 사람과 공유한다면 독서력이 조금 더 깊어질 수 있다.

책을 읽고 내가 생각한 것을 타인과 나누는 방식은 두 가지 정도로 나뉠 수 있다. 바로 책 내용을 간접적으로 나누는 방식과 직접적으로 나누는 방식인데, 간접적인 방식 두 개와 직접적 방식 하나를 소개하고자 한다.

책을 간접적으로 나누는 방식 첫 번째는, 책을 읽은 후 블로그 등 SNS에 올라온 서평을 찾아 내가 생각한 것과 타인의 생각을 비교해 보는 것이다. 이때 무조건 다른 이의 의견이 옳다고 생각해 무조건 수용하기보다 내 생각과 비교해 보면서, 내가 미처 깨닫지 못한 것을 확인한다고 생각하면 좋다.

블로그나 인터넷 서점에 기록된 서평의 장점은 일단 잘 정리되어 있다는 것이다. 책을 읽은 사람이 자기 생각을 정제된 언어로 정리해 놓아 나름의 논리 구조를 가지고 있다. 책의 줄거리와 저자의 소개뿐만 아니라 서평 작성자의 느낀 점 및 좋은 글귀가 함께 쓰여 있다면, 내가 느낀 부분과 비교가 가능하다. 이런 서평을 읽으면 내가 눈여겨보지 못했던 부분을 상기시켜 주므로 생각을 다시 한 번 정리하는 데 도움이 된다.

서평을 잘 쓰는 블로거는 단순히 책을 정리하고 느낀 점을 정리하는 데서 그치지 않고 자신의 경험을 녹여 내어 쓰기도 하는데, 그런 블로거의 서평은 단순 감상문이 아니라 책에 관련된 잘 쓴 에세이처럼 느껴지기도 한다. 그래서 나는 서평 잘 쓰는 몇몇 블로거나 인스타의 인플루언서를 친구로 맺어 그들이 읽는 책과 생각을 살펴보기도 하고, 그들이 추천한 도서를 구매하는 등 좋은 영향을 받는다.

책을 간접적으로 나누는 방식 두 번째는, 바로 방송 프로그램을 활용하는 것이다. 책을 추천해 주는 프로그램 중 하나인 TVN의 〈요즘 책방: 책 읽어드립니다〉와 같은 방송을 보고 생각해 보는 시간을 갖는 것이다. '어려운 책은 쉽게, 두꺼운 책은 가볍게, 지루한 책은 재밌게'라는 방송 모토답게 혼자 읽기를 결심했다면 다소 고민이 되는 인문고전 도서들을 선택하여 독서의 넓이를 넓혀 주는 이 방송은, 〈징비록〉류성룡 저, 홍익출판사 발행, 〈군주론〉마키아벨리 저, 까치 발행, 〈신곡〉단테 알리기에리 저, 민음사 발행과 같은 고전뿐만 아니라 〈이기적 유전자〉리처드 도킨스 저, 을유문화사 발행, 〈사피엔스〉유발 하라리 저, 김영사 발행 등의 베스트셀러까지 다루고 있어, 많은 이들이 알고는 있지만 차마 도전하지 못한 책을 함께 읽을 수 있게 해 준다.

이러한 방송 프로그램의 장점은 전문가와 함께 책을 읽는 듯한 느낌을 준다는 것이다. 유명 강사인 설민석 씨와 패널로 초대된 각 분야의 전문가의 생각을 듣는다는 것은 방송 프로그램이 아니라면 쉽게 접할 수 없는 기회이다. 무엇보다 책을 읽지 않고 방송을 보는 것만으로도 내가 똑똑해지는 느낌을 주고, 핵심만 쉽게 정리해 주기 때문에 감정적인 진입 장벽을 낮춰 주어 시청자이자 독자들에게 '한번 읽어 볼까?' 하는 긍정적인 영향을 준다는 것이다. 나 역시 이 프로그램을 통해 〈예루살렘의 아이히만〉한나 아렌트 저, 한길사 발행과 〈팩트풀니스〉한스 로슬링 외 2인 저, 김영사 발행라는 책을 알게 되었고, 두 책을 구매해서 읽을 결심을 했다.

책을 읽기 전에 이러한 방송 프로그램을 한번 보는 것도 좋고, 방송 전에 책을 구매해서 읽은 후에 방송을 보면서 전문가들의 생각과 나의 생각을 비교해 보는 것도 좋다. 감명 깊게 읽은 부분이 방송에 언급되거나 비슷한 생각을 한 전문가 패널의 이야기를 들으면 왠지 책을 제대로 읽은 것 같은 느낌을 주어 뿌듯함을 넘어 만족감을 느낄 수 있다. 이러한 감정은 아직 독서와 가깝지 않다고 느끼는 독자들에게 독서를 가깝게 만들어 주는 요소 중 하나다.

## 함께해야 멀리 갈 수 있다는 단순한 진리

책 내용을 직접적으로 나누는 방법은 바로 오프라인 독서모임에 참여하는 것이다. 물론 신뢰할 만한 서평 작성자나 방송 프로그램의 전문가와 함께하는 것보다 시간 투자를 더 하고 찾아가는 수고를 해야 한다는 점에서 부담되기도 하지만, 혼자서는 책 한 권을 읽기가 힘들어서 매번 포기하는 사람도, 평소 책을 꾸준히 읽던 사람에게도 소규모 독서모임은 적잖게 도움이 된다.

독서모임의 인원이나 성격에 따라 조금씩 차이는 있겠지만, 독서모임의 공통적인 장점 중 하나는 독서모임 선정도서를 통해 평소의 나라면 선택하지 않았던 책을 읽고 토론하는 과정을 통해서 나의 독서력이 넓어진다는 것이다. 사람은 어쩔 수 없이 자신의 기호에 맞는 분야를 선호하기 마련이다. 세상에 수많은 추천도서와 선정도서가 있지만 그 안에서도 내 취향에 맞는 것을 선택하여 읽기 때문에 평소에 책을 많이 읽는다고 할지라도 독서의 분야는 좁아지게 된다. 그런 면에서 반강제로라도 다양한 책을 읽을 수 있는 독서모임은 책 편식이 심한 독자에게 도움이 될 뿐만 아니라 함께 읽는 과정을 통해서 책을 끝까지 읽는 좋은 습관을 들일 수 있게 해 준다.

독서모임의 또 다른 장점은 내가 생각한 것을 설득력 있게 말하기 위해 고민하고, 다른 사람의 의견을 경청하는 자세를 갖출 수 있다는 것이다. 타인의 앞에서 내 생각을 말한다는 것이 영 쑥스럽고 어색할 수도 있다. 내 생각이 옳은지도 알 수 없고, 혹시나 다른 사람들이 비웃진 않을지 염려가 되기도 할 것이다. 그럼에도 나의 생각을 타인이 공감할 수 있도록 논리 정연하게 정리해서 말하는 버릇을 들이면 또렷해진 생각만큼이나 논리적인 구조를 갖추어 말할 수 있게 될 것이다. 생각을 잘 표현하기 위해 글로 정리하다 보면 글 실력도 함께 늘 수 있다.

또한 다른 사람의 생각을 듣고 나의 생각과 비교하는 과정을 통해서 내가 미처 생각하지 못했던 지식을 얻기도 하고, 타인의 생각을 존중하고 이해하고 받아들이는 연습을 자연스럽게 할 수 있다. 나와 다른 생각을 가진 사람이라고 할지라도 중간에 말을 끊거나 그 생각은 잘못되었으니 틀렸다고 단정 짓기보다는, 모두 똑같은 생각을 하는 건 아니라는 사실을 이해하게 되는 것이다.

TV와 컴퓨터와 같은 매체를 통해 얻을 수 있는 정보도 좋지만, 서로의 얼굴을 보고 목소리를 듣고 온기를 나누며 깨달음을 얻는다는 것은 오프라인 독서모임을 통해서 취할 수 있는 장점이다. 좋은 책을 함께 읽고 나눈다는 동기와 목적을 가지고 있기 때문에 친목을 넘어 함께 성장하는 모임이라는 긍정적인 면을 가지고 있다.

나눈다는 것은 물질적인 것만을 이야기하는 것이 아니다. 내가 가진 생각을 나누는 것도 나눔에 포함된다. 그런 면에서 서평도, TV에 나오는 각 분야의 전문가들도, 독서모임에 나와 서툴지만 나의 생각을 말해 보는 것 역시 나눔의 일종이라 생각한다. 내가 가진 것을 나눈다는 것, 그리고 그 나눔이 누군가에게 위로가 되고 힘이 되고 지식이 된다면 내가 읽은 책 한 권이 단순 자기만족을 넘어서는 의미가 되지 않을까.

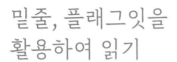

# 밑줄, 플래그잇을
# 활용하여 읽기

책 읽는 스타일을 나누는 방법 중 첨예하게 갈리는 부류 중 하나가 책을 깨끗하게 읽는 사람과 책에 흔적을 남기는 사람일 것이다. 화성에서 온 남자 금성에서 온 여자처럼 서로 다른 두 부류는 각자의 스타일을 존중하지만 서로를 따라할 수는 없다고 말한다. 그렇지만 책을 쓰고 싶은 예비저자들이라면 책에 조금은 흔적을 남겨도 괜찮을 듯하다.

# 책에 흔적을 남겨야 하는 이유

나 역시 책을 깨끗하게 보는 사람 중 둘째가라면 서러울 정도였다. 물건을 사용하면 깨끗하게 오래 쓰길 좋아하는 타입이기도 하고, 책은 유독 깔끔하게 보관하길 좋아했기 때문이다. 친구들은 책이 너무 깨끗해서 손때 묻을까 겁이 나 빌려 가기 조심스럽다고 했을 정도니 말이다. 어느 정도였냐면 좋아하는 책은 색이 바래거나 구겨지는 것이 싫어 아스테이지라고 불리던 투명 시트지로 책표지를 싸서 보관했을 정도다. 이렇게 유난스러울 정도로 책을 깨끗하게 봤던 이유는 늘 새 책처럼 읽을 수 있다는 게 좋기도 했고, 나에게 책은 일종의 애착의 애착의 대상이었기 때문이었다. 그러다 보니 나는 유독 소중하게 책을 다루었다.

그러나 직업인으로서 책을 만드는 사람이 되고 보니 책은 늘 함께하는 것이라는 생각과 함께 책 자체를 보관하기보다는 내가 책을 읽고 무엇을 얻었는지, 어떤 것을 느꼈는지가 중요하다는 생각을 하게 되었다. 더불어 좋은 책을 만들기 위해서 많은 책들을 빠른 시간 내에 읽고 파악해야 하므로 자연스럽게 책에 밑줄을 긋고 페이지를 접거나 여의치 않으면 책에 직접 메모를 하는 등의 흔적을 남기게 되었다.

머리가 유난히 좋아서 내가 읽은 책의 모든 내용을 기억할 수 있으면 좋겠지만, 하루하루는 빠르게 흘러가고 받아들이고 기억해야 할 것들이 많으니 잊지 말아야 할 것들 외에는 머릿속에서 빠르게 지워지기 마련이다. 그래서인지 한 번 읽었던 책에 표시를 해 두지 않으면 나중에 다시 들추어 보았을 때 책에 대한 흐릿한 인상만 남을 뿐, 내가 이 책을 읽고 무엇을 느꼈는지, 어떤 것을 기억하고 싶은지 떠올리기 어려워졌다.

그때부터 책에 좋은 구절들에는 밑줄을 치고, 포스트잇이나 빈 공간에 아이디어나 의견들을 간단하게나마 적어 두었다. 이런 책은 시간이 지나 다시 들추어 보았을 때 새로운 느낌으로 다가왔다.

밑줄 친 구절 중에는 기억에 또렷이 남아 있는 것도 있지만, 내가 왜 이곳에 밑줄을 쳤는지조차 생소한 구절도 있어 '내가 왜 여기에 밑줄을 쳤지?'라고 곰곰이 생각에 잠긴 적도 있고, 해당 부분에 왜 좋았는지 이유를 적거나 추가적인 의견을 남긴 곳을 볼 때면 이맘때 내가 이런 생각을 하고 있었구나 싶어 마치 과거의 일기를 보는 것 같은 경험을 할 때가 종종 있었다.

그 외에도 해당 책의 내용을 활용하고 싶을 때 그어 놓은 밑줄이나 포스트잇으로 정리해 둔 내용을 참고했는데, 그렇게 하니까 책을 다시 읽어야 하는 번거로움이 사라져 책을 읽을 땐 밑줄을 긋고 간단하게나마 메모를 하는 습관을 들이게 되었다. 이렇게 정리해 둔 책이 쌓이니 나중에 글을 쓰거나 아이디어를 얻고 싶을 때 많은 도움을 받았다. 이렇듯 나에게 맞는 '책 내용 기억하는 법'을 찾으면 책을 쓰고자 준비하는 예비저자들에게도 도움이 될 것이다.


## 삼색 볼펜, 삼색 형광펜으로 흔적 남기기


첫 번째로 세 가지 색을 활용하여 책에 표시하는 방식이다. 볼펜이나 형광펜을 세 가지 색으로 준비하여 목적에 맞게 색을 달리하여 밑줄을 긋는 방식인데, 어떤 색을 사용해도 상관없다. 개인적으로는 빨간색, 파란색, 초록색 볼펜을 사용하였고, 이 세 가지 색을 사용할 때 가장 효과가 좋았다. 보통 4색 볼펜의 구성이 빨강, 파랑, 초록, 검정으로 되어 있어 손쉽게 사용할 수 있다.

몇 가지 색깔이든 색볼펜을 사용할 때는 각 색깔에 목적을 두고 통일감 있게 사용하길 권한다. 나의 경우 파란색으로는 책에서 인상 깊은 내용을 발견하면 밑줄을 그었다. 눈에 띄는 곳에는 모두 파란색으로 밑줄을 긋는데, 책마다 인상 깊은 구절이 다르니 양이 많을 수도 있고 적을 수도 있지만 크게 상관하지 않고 긋는 편이다. 〈파란펜 공부법〉아이카와 히데키 저, 쌤앤파커스 발행이라는 책이 나왔을 정도로 파란색은 흥분을 가라앉히고 차분해지는 효과와 기억력을 높여 주는 효과가 있다고 한다. 개인적으로는 파란색이 눈에 편하고 밑줄을 많이 그어도 부담이 적어 자주 사용하는 것뿐, 만약 파란색을 선호하지 않는다면 다른 색을 사용해도 무방하다.

빨간색은 내가 읽고 있는 책에서 중심 내용이라 생각되거나 저자의 생각이 핵심적으로 정리되어 있는 부분에 긋는다. 저자들은 보통 책 한 권에 핵심이 되는 한 줄의 문장 혹은 문단을 박아 둔다. 내가 이 책을 왜 썼는지, 독자들이 무엇을 느꼈으면 좋겠는지 의도를 갖고 쓴 문장이기 때문에 그러한 문장/문단을 발견한다면 빨간색으로 강조 표시해 두는 것이 좋다. 파란색에 비해 사용하는 비율이 현저히 적지만 빨강이라는 강렬한 색을 사용하기 때문에 시간이 많이 지나 나중에 책을 펼쳐 보아도 '이 책이 이런 내용이었지.'라고 상기하기 좋다. 처음엔 여기에 빨간 줄을 그어도 될까, 저기에 그어야 할까 고민하다가 결국 줄을 긋지 못하는 일도 있었지만 애매할 땐 일단 밑줄을 그어 놓거나 빨간색 펜으로 살짝 표시해 둔 뒤 귀퉁이를 접어 두었다가 책을 다 읽고 나서 밑줄 긋거나 빨간색 네모 박스를 만들어 언제 봐도 눈에 띄게끔 표시해 둔다.

초록색은 기존의 다른 책에서 본 적 없는 독특한 에피소드나 인용을 발견했을 때 활용한다. 저자만의 에피소드도 좋고, 저자가 자신이 좋아하는 저자의 책이나 유명인의 말을 인용했을 경우 밑줄을 치는 편인데, 이렇게 표시한 부분은 나중에 예비저자들과 책을 기획할 때 어떤 이야깃거리나 인용을 수집하면 좋을지 의견을 나누면서 활용하기도 한다.

마지막으로 검은색은 추가 의견이나 아이디어를 적어 놓는 방법으로 활용하고 있다. 책을 읽으며 떠오른 질문거리나 내가 적용할 수 있는 부분들을 기록하는 것이다. 이렇게 적어 두면 생각이 명료하게 정리되는 효과가 있고, 나중에 다시 책을 들여다보더라도 좀 효율적으로 책의 내용을 상기하고 파악하는 데 도움이 된다.

형광펜도 몇 가지 색을 정해 두고 각 목적에 맞게, 위에서 설명한 볼펜과 같은 방식으로 적용하여 사용하면 되는데, 내 경험상으로는 삼색 볼펜을 활용하여 밑줄을 긋거나 기록하고, 좀 더 강조하고 싶은 부분이나 꼭 기억하고 싶은 부분에 형광펜을 이용한다면 좀 더 효과적으로 책 내용을 기억할 수 있을 것이다.


## 플래그잇으로 표시하기


플래그잇 역시 삼색 볼펜, 삼색 형광펜과 같은 방법으로 활용하면 된다. 재질, 두께, 색상 등 개인 선호도에 따라 사용하는 것이 다르지만 보통 3M제품을 사용한다. 이때도 빨간색, 파란색, 초록색과 같이 플래그잇 색상을 정해 놓고 사용한다. 3M 플래그잇의 3색은 빨강, 노랑, 파랑으로 구성되어 있고 5색은 빨강, 주황, 노랑, 초록, 파랑으로, 12색은 좀 더 다양하게 구성되어 있다. 나의 경우 빨간색은 가장 중요하게 생각하는 부분에 표시하고, 다른 색은 두 가지를 넘지 않는 선에서 사용한다. 빨+파+초, 빨+주+노와 같이 딱 세 가지 색만 사용하는 것이다.

플래그잇의 가장 큰 장점은 책을 펴지 않고도 내가 어느 부분에 표시해 두었는지 직감적으로 알 수 있다는 것이다. 그러나 플래그잇 위치가 애매할 경우 시일이 지나서 책을 들추어 볼 때 정확히 어느 부분에 표시했는지 알 수 없는 경우가 있다. 이때 밑줄을 긋는 등의 표시를 병행한다면 시간이 오래 흘러도 내가 어느 부분에 체크를 해 두었는지 한눈에 알아보기 쉽다.

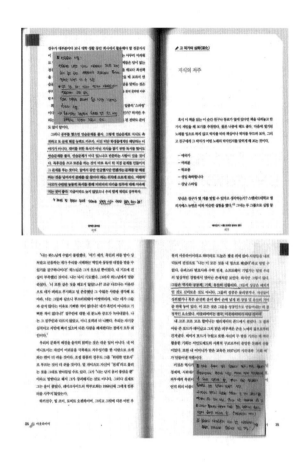

개인적으로는 삼색 볼펜과 형광펜, 플래그잇을 적절하게 활용할 때 정리의 효과가 컸다. 위에 언급했던 바와 같이 인상 깊은 구절엔 파란색, 핵심적인 내용은 빨간색,

차후 자료로 활용할 만한 여지가 있는 부분은 파란색으로 밑줄을 긋고, 여기서 좀 더 강조하고 싶은 부분은 형광펜을 활용한다. 여기에 중요하다고 생각하는 부분에는 플래그잇을 붙여 표시를 해 두면 쉽게 펼쳐서 확인할 수 있으니 적절하게 사용하여 효율을 높인다.

처음엔 어느 부분에 밑줄을 그어야 할지, 어디가 핵심 문장인지, 어디에 플래그잇을 붙여야 할지 헷갈릴 수 있다. 이때 반드시 밑줄을 그어야겠다는 마음가짐보다는 가벼운 마음으로 눈여겨볼 만한 구절에 줄을 긋고 표시하다 보면 읽는 책의 권수가 쌓이면 쌓일수록 자기 나름의 방식이 생길 것이고, 이것이 반복되다 보면 나만의 정리 노하우가 생길 것이다.


지금까지 내가 주로 사용하는 방법을 소개하였다. 색깔이나 도구 등 정해진 정답은 없다. 누군가가 만든 방법을 무조건 따라하기보다는 내가 직접 해 보고 나에게 잘 맞지 않는 방법은 수정, 보완해 나가면서 나만의 방법으로 만드는 것이 중요하다.

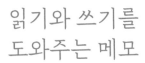

# 읽기와 쓰기를
# 도와주는 메모

아무리 책을 열심히 읽어도 메모를 하지 않으면 소용이 없다. 인간은 망각의 동물이기 때문에 아무리 재미있고 유익하게 읽은 책이라도 시간이 지나면 잊어버리기 때문이다. 메모는 그 자체로 글쓰기의 한 과정이라는 것을 기억해야 한다. 책을 읽고 중요한 구절에 밑줄을 긋고, 그 밑줄에 자신의 생각을 정리해 나간다면 시일이 지나 해당 책을 다시 살펴봤을 때 그 느낌을 상기하기 수월하고, 나아가 책을 집필할 때 자료로 활용하기 무척 편리하다. 그렇다면 어떻게 메모하는 것이 좋을까?

# 몇 번을 강조해도 지나치지 않는 '메모'

책을 열심히 읽었다고 생각했지만 시간이 지나면 내가 읽은 책의 내용이 기억나지 않는 경험을 해 본 적 있을 것이다. 나에게 특별한 능력이 있는 게 아닌 이상 눈으로 보고 읽어 내려간 책은 대부분 잊혀지기 마련이다. 자연스러운 일이다. 헤르만 에빙하우스의 '망각곡선'에 따르면, 인간은 한 번 외운 것을 반복하지 않으면 시간이 흐를수록 빠르게 잊어버린다고 한다. 공부를 하고 10분이 지나지 않아 공부한 내용을 까먹기 시작해 하루가 지나면 70%를, 한 달이 지나면 80% 이상을 까먹는다고 하니 중요한 내용을 잊지 않기 위해서는 메모하는 습관을 들여야 한다. 내가 보고 느낀 내용을 글로 옮겨 적지 않으면 책을 읽을 때 느꼈던 생생한 감정은 금방 사라져 버리기 때문이다.

메모의 또 하나의 큰 장점은 글을 쓰게 해 준다는 점이다. 책에 밑줄을 그으면서 새로 떠오른 아이디어를 적는 것, 책을 읽으면서 기억하고 싶은 핵심 내용을 포스트잇에 옮겨 적는 것, 책 내용을 따로 정리해서 보관해 두기 위해 독서노트를 만들거나 컴퓨터에 따로 파일을 만들어 모아 놓는 것 모두 메모에 해당한다. 메모의 내용은 무엇이든 상관없다. 책에서 전달하고자 하는 저자의 메시지, 내 삶에 적용시키면 좋은 것들, 오랫동안 기억하고 싶은 것, 새로 알게 된(배운) 것 등 내가 기억하고 싶은 것이라면 모두 메모라는 이름으로 적어 두면 나중에 모두 피가 되고 살이 된다. 여기서 피와 살이란 결국은 내가 책을 쓸 때 활용할 수 있는 귀중한 자원이 될 것이란 뜻과 같다.

# 포스트잇 활용하기

    삼색 볼펜과 삼색 형광펜 혹은 플래그잇을 활용하며 독서를 하다 보면 자연스럽게 떠오르는 생각이나 아이디어, 혹은 책의 내용을 정리하고 싶은 욕구가 마구 샘솟는다. 이럴 때 책의 네 귀퉁이를 활용하여 간단하게 생각을 적어 두기도 하지만, 책의 내용을 정리할 땐 공간이 비좁다 여겨질 때가 많다. 이럴 때 포스트잇을 활용한다면 편리하게 내용을 정리하고 간편하게 원하는 위치에 정리한 내용을 옮길 수 있다.

포스트잇의 크기는 다양하지만 흔히 사용하는 76X76은 손바닥만 한 크기이기 때문에 많은 내용을 정리할 수는 없다. 이때 한 꼭지의 핵심 내용을 정리하는 것이 이상적인데, 꼭지의 제목 혹은 주제를 적고, 그에 대해 간단하게 내용을 정리한 뒤 저자가 말하고자 하는 핵심을 한 줄로 정리한다면 나중에 시간이 지나 해당 포스트잇만 보더라도 어떤 내용인지 파악할 수 있다.

또한 본문 내용을 간단하게 정리 후 저자가 제시하는 솔루션을 한 줄로 적은 뒤에 내가 실천할 수 있는 작은 행동을 정리해 보는 것도 좋겠다.

# 수첩 활용하기

　　책에 직접 메모를 하거나 포스트잇으로 내용을 정리한 후 해당 페이지나 책에 붙여 두게 되면 책을 펼쳤을 때 내용을 상기시키거나 밑줄 친 내용과 함께 확인하기는 편하지만, 한꺼번에 모아서 볼 수 없다는 단점이 있다. 이때 좋아하는 노트나 수첩에 책 제목과 저자, 출판사와 함께 인상 깊거나 기억하고 싶은 문장/문단과 페이지를 적어 옮긴다.

　　인상 깊은 구절을 눈으로 익히는 데서 그치지 않고

손으로 베껴 적는 행위를 통해서 마음으로 다시 한 번 새길 수 있다. 해당 문장을 옮겨 적은 후에 떠오른 생각이나 아이디어를 함께 적는다면 책 내용과 내 생각을 한 번에 확인할 수 있으니 편리하다.

노트나 수첩에 기록할 때 검은색 볼펜이나 연필만 사용할 것이 아니라 빨간색, 파란색, 초록색 등의 색깔 펜을 용도를 나누어 사용한다면, 좀 더 내용이 눈에 잘 들어온다는 장점이 있다. 이렇게 정리한 노트는 세상 무엇과도 바꿀 수 없는 독서 노트이자 아이디어 노트가 된다. 출처를 명확하게 표시해 두면 나중에 책을 쓸 때 인용으로 활용할 수 있으니 여러모로 도움이 될 것이다.

책을 읽고 나서 메모를 하는 이유는 기록해 두지 않으면 쉽게 잊어버리기 때문도 있지만 내 손으로 직접 책 내용을 정리하고 문장을 옮겨 적는다는 것 자체만으로도 짧은 글쓰기 연습이 될 수 있어서이다. 책을 읽고 적는다는 것이 처음엔 다소 번거롭게 느껴질 수 있지만 꾸준히 한다면 읽기와 쓰기 실력을 키우는 데 큰 도움이 될 것이다.

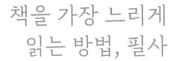

# 책을 가장 느리게
# 읽는 방법, 필사

내 이름으로 된 책 한 권을 세상에 내보이고 싶다는 작은 열망을 품은 예비저자들. 그들 중 일부는 '글을 어떻게 써야 할지 모르겠다'는 막막함을 토로하곤 한다. 첫 문장을 어떻게 써야 할지 몰라서, 쓰다 보면 발끝에 돌부리가 걸리듯 탁탁 막혀서, 적절한 단어가 떠오르지 않아서 등의 다양한 이유에서 말이다. 대체로 이런 답답함은 문장을 쓰는 것이 익숙하지 않아서일 경우가 많다. 이럴 때 예비저자들의 글 실력을 늘리는 방법 중 하나가 바로 필사다. 그럼 어떻게 하면 책읽기와 쓰기에 도움이 되는 필사를 할 수 있을까?

## '필사는 책을 되새김질하는 과정'이다

대학생 시절, 전공 필수 과목으로 들었던 소설 창작 수업 시간에 한 학생이 교수님께 "어떻게 하면 문장을 잘 쓸 수 있나요?"라고 질문했다. 그때 당시 유명 소설가인 교수님께서 이렇게 말씀하셨다.

"필사 한번 해 봐."

좋은 글을 쓰고 싶은데 마음과 달리 손이 따라와 주지 않을 경우 작가 지망생에게 추천하는 것 중 하나가 필사이다. 교수님께서는 '뭐라도 써야 글 실력이 늘 텐데 노력은 하지 않으면서 입으로만 글 잘 쓰고 싶다고 말하는 학생들에게 필사라도 하라'는 뜻이었다고 하셨지만, 한 여류 저자의 경우 조세희의 〈난쟁이가 쏘아 올린 작은 공〉을 몇 번씩 필사하며 저자의 꿈을 키웠고 실제 유명 소설가가 되어 한국인이 사랑하는 소설가 중 한 명으로 꼽힌 바 있다. 필사를 두고 들이는 시간 대비 효과가 없다는 말을 하는 사람도 있지만, 적절하게 활용할 경우 문장력을 높이는 데 가장 좋은 방법 중 하나다.

필사를 추천하는 이유는 네 가지로 정리할 수 있다.

첫 번째로 좋은 저자의 글을 필사하다 보면 저자의 문장을 닮아 가게 된다. 좋은 글들은 특유의 리듬감이 존재하고, 내가 평소 사용하지 않던 단어도 필사를 통해 습득할 수 있기 때문에 평소 좋아하고 닮고 싶은 저자가 있다면 필사를 통해 한층 더 그 저자의 글에 가까워질 수 있다.

두 번째로 기초적인 문법이나 맞춤법, 띄어쓰기에 능숙해질 수 있다. 띄어쓰기, 맞춤법은 자주 사용하지 않으면 잊어버리기 쉬운 것 중 하나다. 특히 맞춤법은 의식하지 않으면 헷갈리고 실수하기 쉬운 것이라 필사를 통해 내가 평소 잘 몰랐던 문법을 익힐 수 있다.

세 번째로 머릿속이 어지러울 때 필사를 통해 마음을 가다듬을 수 있다. 혹자는 많은 저자들이 필사를 수행이나 기도하는 것에 비유하면서, 고요한 가운데 집중해서 필사를 하다 보면 문장의 의미를 되새기며 내면의 나와 소통할 수 있는 계기가 되기 때문에 필사를 추천한다.

네 번째로 필사를 통해 책을 다시 한 번 깊이 읽을 수 있다. 소설가 조정래 씨는 '필사는 되새김질하는 과정'이라 이야기하며 단순히 글자를 읽는 데서 끝나지 않고 통독을 하며 옮겨 쓰는 것이기 때문에 책을 백 번 읽는 것보다 한 번 필사하며 읽는 것이 효과적이라 이야기한 바있다. 소설가 김영하 씨 역시 방송에 나와 '필사는 책을 가장 느리게 읽는 방법'이라 말한 바 있다. 이와 같은 이야기를 종합해 보면 필사는 책을 보다 꼼꼼하게 읽는 하나의 방법이라 생각할 수 있다.

이렇듯 필사는 책을 천천히, 깊이 있게 읽으며 내 안에 천천히 스며들게 만든다. 내가 놓치거나 미처 알지 못했던 내용을 다시 한 번 새기고, 문장을 옮겨 적는 행위를 통해 나도 모르는 사이에 문장을 쓸 수 있는 힘을 기를 수 있는 방법이다.

그러나 필사에 대해 의미 없다는 주장도 존재한다. 필사의 무용론에 대해 이야기하는 사람들은 대체로 필사가 시간 낭비라고 말한다. 그 이유는 필사하는 데 들이는 시간 대비 문장력이 좋아지는 효과가 지극히 낮고, 필사할 때 집중해서 하지 않으면 그저 글씨를 따라 쓰는 것에 불과하다는 것이다. 또한 필사를 하다가 해당 저자의 문체를 따라하게 되어 자신만의 개성이 사라질 수 있고, 외국 도서를 필사할 경우 번역 문체가 옮아 와 오히려 비문을 쓰게 될 가능성도 높다는 이유에서다.

## 필사는 자신의 글을 쓰기 위한 마중물

그럼에도 필사를 추천하는 이유는 이것이 자신의 글을 쓰기 위한 마중물 같은 것이기 때문이다. 펌프질을 할 때 물을 끌어올리기 위하여 위에서 붓는 마중물처럼 필사는 글쓰기가 어렵고 막막하게 느껴질 때, 뭐라도 쓰고 싶은데 아직 두렵기만 할 때 내가 좋아한 작품의 글을 따라 써 보면서 글쓰기 근육을 조금씩 키워 나갈 수 있는 좋은 방법이다. 마라톤 완주를 목표로 조금씩 나의 달리기 페이스를 만들어 가는 것처럼 필사는 그 과정의 시작점에 있는 것이다. 그렇다면 어떻게 필사하면 시간 낭비를 줄이고 좀 더 효과적으로 할 수 있을까?

일단 처음부터 책 한 권을 전체 필사하려고 목표를 세우기보다는 책을 읽을 때 인상 깊었던 문장이나 문단을 옮겨 적는 것부터 시작하는 게 좋다. 짧은 분량이어도 감명 깊었던 부분을 따라서 쓰는 것만으로 그 문장을 다시 한 번 내 마음에 새길 수 있고, 문장을 따라 쓰면서 그 문장의 호흡을 자연스럽게 습득하게 된다.

짧은 문장을 옮겨 적는 것만으로는 아쉽다고 느껴진다면 시를 필사해 보는 것을 추천한다. 시는 시인의 생각과 감정을 압축적인 단어와 문장에 녹여 낸 것으로, 순간의 인상을 사진처럼 포착하여 문자에 가두어 놓아 그 자체로 하나의 예술이라 할 수 있다. 시 필사를 할 경우 시인의 아름다운 문장을 음미하면서 시인의 감정을 공유하는 느낌을 가질 수 있다. 시 필사를 습관적으로 할 경우 마음을 가다듬을 수 있고 붕 뜬 시간을 활용하기도 좋아서, 좋아하는 시를 체크해 두고 틈틈이 필사해 보길 권한다.

단편 소설 필사 역시 좋은 방법인데, 장편보다 부담이 적고 한 편을 필사할 경우 목표한 바를 이루었다는 기쁨에 성취감이 크다. 그러나 장편보다는 짧지만 단편 소설 역시 적지 않은 분량이므로 포기하기 쉽고, 좋아하는 소설이 아니라면 지루함도 느껴질 수 있어서 필사를 시작하기 전에 끝까지 필사하고 싶은 작품인지 고민해 보는 것이 좋다.

단편 소설 필사 시 유의할 것은 너무 길지 않은 분량으로 정확하고 아름다운 문장을 사용한 작품, 작품 속 인물의 성격이 분명하고 기승전결이 확실한 작품이 좋다는 것이다. 필사를 처음 시작하는 예비저자에게 추천하는 단편 소설로는 〈무진기행〉김승옥 저, 민음사 발행이나 〈메밀꽃 필 무렵〉김효석 저, 문학과지성사 발행, 〈중국인 거리〉오정희 저, 문학과지성사 발행, 〈유년의 뜰〉오정희 저, 문학과지성사 발행 등이 있다.

대중을 상대로 한 글을 잘 쓰고 싶은 예비저자라면 에세이를 필사해 보는 것도 좋다. 에세이 한 편은 A4용지 1~2장으로 비교적 분량이 적고, 짧은 페이지 안에 기승전결이 녹아 있어서 글의 호흡을 배우기 좋다. 좋은 문장들을 필사하는 것도 괜찮지만 한 편의 분량이 길지 않으므로 한 편씩 필사하는 게 더 좋다. 이렇게 하면 글의 구성을 익히는 데 많은 도움이 된다.

논리적이고 실용적인 문장을 잘 쓰고 싶은 예비저자라면 칼럼을 필사해 보길 권한다. 신문 사설과 논설은 짧은 분량임에도 불필요한 단어나 문장 없이 자신의 생각을 설득력 있게 논거하므로, 필사를 하게 되면 논리적인 글 구조를 이해하는 데 큰 도움이 될 것이다.

필사는 좋은 글을 베껴 쓰는 데서 멈추는 것이 아니다. 좋은 글을 필사한 뒤에 이 문장이 자신에게 왜 와닿았는지 생각해 보고 기록해 보자. 그 기록의 길이를 점점 늘리면서 자신만의 글쓰기 세계를 만들어 나간다면, 나중에는 책을 쓰는 것도 두렵지 않게 될 것이다. 이것이 필사를 글쓰기의 마중물이라고 부른 이유이다.

# 서평으로 다지는
## 읽기와 쓰기

　　책을 읽고 난 뒤 책의 내용과 나의 생각을 글로 정리하는 것은 무척 중요한 일이다. 책을 읽고 남는 것이 없다고 느껴지는 이유 중 하나는, 말 그대로 책을 읽는 것으로 끝나기 때문이다. 책을 읽고 생각을 기록하는 것은 일차적으로 책에 대한 기억을 선명하게 해 주지만 궁극적으로는 나의 글, 나의 책을 쓰게 하는 데 훌륭한 연습이자 첫걸음이 된다.

# 학교 때 썼던 독후감과 서평의 차이

학교 다닐 때 독후감을 써 본 경험이 한 번쯤은 있을 것이다. 책을 읽고 난 후 책의 내용을 간단하게 정리하고, 그에 대한 감상을 덧붙이는 것이 일반적이었는데, '재미있었다', '유익했다' 혹은 '재미없었다' 등 책에 대한 느낌을 단편적으로 표현하는 글들이 많았다. 그러나 이런 형태의 독후감은 책 내용을 전체적으로 정리하는 데는 도움이 되지만, 분석적인 읽기를 했다고 보기엔 조금 거리가 멀다. 읽기와 쓰기 실력을 키우고 싶은 사람이라면 책을 읽은 감정을 단편적으로 정리하는 데서 그치지 않고 책에 대한 깊이 있는 생각을 담아 서평을 쓰는 습관을 갖기를 권한다.

서평은 나의 주관적인 생각을 최대한 논리적으로 정리한 글로, 타인이 그 책을 선택하는 데 도움을 준다.

서평 작성은 발췌하기, 메모하기, 구성하기, 초고 쓰기, 퇴고하기 등 총 다섯 단계로 구분할 수 있다. 먼저 책을 읽으면서 흥미 있는 부분에 밑줄을 긋거나 플래그잇을 붙여 표시하고(발췌), 해당 부분에 대한 자기 생각을 책 귀퉁이나 포스트잇을 활용하여 기록한다(메모). 책에 직접 해도 좋지만 별도의 수첩이나 노트를 사용해 책의 내용을 옮겨 적고 자기 생각을 기록해도 좋다.

구성하기는 내가 어떤 관점을 가지고 서평을 쓸 것인지를 정리하는 것인데, 책에 밑줄 친 내용을 훑어보면서 내가 이 책을 통해 어떤 점을 느꼈는지, 저자에 대해 인상적이었던 점을 소개하고 전반적인 책 내용, 자신이 생각하는 중요하고 핵심적인 메시지, 자신의 관점 등을 정리하는 것이다. 저자가 이 책을 통해 무엇을 전달하고자 했는지, 그것을 나와 연결 지어 생각한다. 나라면 어떻게 했을지, 나도 비슷한 경험이 있는지, 내가 읽은 책 중에 이 책과 비슷한 도서가 있었는지 등을 찾아서 쓰는 것도 좋겠다.

네 번째인 초고 쓰기는 위의 구성을 바탕으로 글로 풀어서 적는 것이다. 중언부언하지 말고 기승전결에 맞춰서 간결하게 작성한다.

초고를 다 쓰고 나면 퇴고를 통해 좀 더 완성도 있게 다듬는다. 횡설수설하거나 중언부언하거나 막연하게 표현한 부분들을 좀 더 명확한 표현으로 고치고 다듬는 과정을 거친다면 훨씬 더 좋은 글이 될 수 있다.

## 읽는 데서 그치는 것이 아닌 표현하는 연습

그럼에도 서평을 어떻게 써야 할지 막막하다면 다음의 예시를 참고해 보자.

한동안 세상을 떠들썩하게 했던 아동 성폭행 사건을 보면서, 대한민국의 국민으로서 양형 기준에 대한 의문을 품은 적이 있다. 그래서 현직 판사가 쓴 책들을 읽어보는 시간을 통해 국민감정과 사법부의 양형 기준의 차이에 대해 고민해 보는 시간을 갖고자 〈판사유감〉문유석 저, 문학동네 발행을 선택하여 읽게 되었다.

이 책의 저자인 문유석 판사는 자신이 다룬 사건들을 통해 인간의 존엄과 법이 추구해야 할 가치, 현행법의 한계 등을 담담한 문장으로 기술했다.

이 책 덕분에 나는 살인이 모든 범죄의 암묵적인 기준점이 되었다는 것, 살인죄의 경우 징역 13년 정도를 선고하는 종전 양형 관행이 다른 범죄의 양형을 낮추는 역할을 했다는 점을 통해 보통 성폭행의 경우 살인죄의 형량을 넘지 않는다는 것, 양형 기준은 사람을 몇 명 죽였냐는 수치보다 다른 요소들을 고민해 봐야 한다는 것, 하지만 법원에서 '유족과의 합의'를 무엇보다 중요시하게 생각한다는 것을 새롭게 알게 되었다. 각 사건마다 다른 이유가 있겠지만, '유족과의 합의'를 우선한다는 점에는 의문이 생겨 해당 부분에 체크를 해 두고 왜 유족과의 합의를 중요하게 생각하는지에 질문을 책에 적어 두기도 했다.

사법부에 대한 불신과 국민의 감정을 좁히기 위해서 국민들을 이해시키기 위한 노력이 필요하다고 서술한 점에서 책을 쓴 저자의 의견에 동감하며, 국민들 역시 사법부의 판결과 결정에 무조건 반감을 갖는 것보다 사법부가 왜 그런 판단을 내렸는지 그 이유를 들어 보려는 노력도 필요하다는 생각을 하게 되었다.

법이 말하는 정의가 알고 싶어 선택한 책이 하나 더 있는데, 바로 〈검사내전〉김웅 저, 부키 발행이다. 이 책에서 "사건들은 시나리오처럼 뚜렷한 모습을 가진 것이 아니다. 선과 악이, 원인과 결과가 그렇게 쉽게 구분될 수 없다.

만약 쉽게 구분된다면 그건 감정 탓이다. 감정이 이끄는 결론과 확신은 편하지만 자신이나 다른 사람에게 치명적인 결과를 가져올 수 있다."라는 구절을 통해 사람이 사람의 죄를 묻고 판단하는 것에는 위험이 따를 수밖에 없고, 기준과 약속이 있지 않으면 결과가 들쑥날쑥하여 객관적인 판단이 어려워질 수밖에 없다는 것에 공감했다. 나 역시 사실이 아닌 감정에 휩쓸려 일을 그르친 적은 없었는지에 대해 고민하고 그런 경험에 대해 다시 한 번 생각해 볼 수 있는 시간을 갖게 되었다.

이 두 권의 책을 통해서 '판사와 검사가 법과 시민 사이의 괴리감을 줄이기 위해 어떻게 해야 할지 고민하고 있다는 것을 느낄 수 있었고, 이런 사람들이 거대한 여객선의 나사못처럼 대한민국 곳곳에 박혀 균형을 유지해 준다면 한국이 좀 더 살 만한 나라가 되지 않을까'에 대한 짧은 의견을 덧붙여 SNS에 공유한 적이 있다. 판사와 검사라는 직업에 대해서도 다시 한 번 생각해 볼 수 있다는 점이 의미 있었고, 판사와 검사의 사건을 보는 시각 차이를 간접적으로나마 느껴볼 수 있었다. 나처럼 법에서 말하는 정의와 검사와 판사 같은 법을 다루는 직업인의 삶이 궁금하다는 주변 사람들에게, 두 책의 차이를 정리하여 설명해 주기도 했다.

이렇듯 서평은 단순히 책을 요약하는 것이 아닌, 자기 생각을 표현하는 행위다. 책을 읽고 나서 다시 한 번 정리해 보는 것이 귀찮을 수 있지만, 궁극적으로는 생각하고 표현하는 힘을 키우기 때문에 꼭 서평 쓰기를 생활화할 것을 추천한다.

읽기와 쓰기는 서로 유기적으로 연결되어 있다. 똑같은 책을 읽더라도 내가 어떻게 읽느냐에 따라 깊이와 가치가 달라진다. 마찬가지로 서평 역시 내가 막연하게 머릿속으로 생각하는 데서 그치지 않고 글을 통해 논리적으로 정리하고, 더 나아가 글 쓰는 실력을 키운다는 장점이 있다. 이번 기회에 서평 쓰기를 통해 보다 폭넓은 독서를 시작해 보는 건 어떨까.

# 쉽지 않은 길이지만,
# 함께 간다면 가 볼 만하다

운이 좋았다.

지금 시점에서 나에 대한 생각이다.

한때는 운이 지독하게 안 좋았다고 생각한 적이 있었다. 내 삶이 도무지 마음에 들지 않았다. 그런 마음을 일으켜 세워 준 것이 나와 함께 책 작업을 한 저자들이었다.

사람들에게 자신이 갈고닦은 지식과 성찰을 전해 주겠다는 의욕, 이 세상을 조금 더 살기 좋게 만들고 싶다는 열정, 선한 영향력의 주인공이 되고 싶다는 갈망. 이렇게 좋은 마음을 가진 분들과 힘을 합쳐 책을 만드는 작업은 정말 보람 있는 일이었다. 내가 그분들을 도왔던 게 아니라, 그분들이 나를 도왔다고 생각한다. 그동안 함께 책 작업을 해 온 모든 저자들에게 진심으로 감사하다는 인사를 전해 드리고 싶다.

예비저자들이 책을 쓰기 위해 걸어가야 할 길은 결코 평탄치 않다. 좀 더 참신하고 차별화된 콘셉트, 좀 더 알차고 유익한 내용으로 책을 쓰려고 할수록 어렵고 고달프다. 하지만 고생한 만큼 열매는 달콤해진다. 베스트셀러 작가는 장담할 수 없어도 '가늘어도 길게 가는 책' 저자는 될 수 있다. 펑 하고 대박이 터지진 않아도 오래오래 독자들에게 인정받는 책을 만드는 것, 이것은 내가 편집자로서 갖는 목표이기도 하다.

책을 쓴다는 건 지극히 고독하고 힘들지만, 혼자가 아니라 좋은 동료들과 함께한다면, 마음이 맞는 편집자와 동행할 수 있다면 가 볼 만하다. 저자가 되길 꿈꾸는 분들이 좋은 편집자를 만나길 기원한다. 편집자들이 언제나 소중한 인연이 될 저자님을 기다리는 것처럼.

박보영

# 언젠가 꽃처럼 피어날 당신께

칠레 북쪽에 위치한 아카타마 사막은 지구에서 가장 건조한 곳으로 알려져 있다.

내셔널지오그래픽이 세계에서 가장 메마른 지역으로 발표한 이곳은, 약 2천만 년 동안 건조한 상태를 유지해 왔다. 그런데 이 사막에 12시간 동안 무려 7년간의 강수량에 달하는 비가 쏟아졌다. '슈퍼 엘리뇨 현상Godzilla El Nino' 때문이었다.

그리고 놀라운 일이 벌어졌다. 비가 내린 뒤 이 척박한 땅이 온통 핑크빛으로 물든 것이다. 폭우 덕분에 싹트지 못한 채 숨어 있던 씨앗이 발아하여 꽃으로 피어났다. 드넓은 사막을 빼꼼히 메운 여린 핑크빛은 오랜 기다림의 시간만큼 그 자체로 찬란한 빛깔을 뽐냈다. 비록 건조한 날씨 탓에 꽃들은 금세 시들어 흔적조차 남지 않고 사라졌지만, 그 장관을 보기 위하여 세계 각지에서 날아온 사람들이 찍은 사진 속에 아카타마 사막에 핀 꽃은 영원히 남아 있다.

귀중한 페이지를 할애하여 사막 이야기를 꺼낸 이유는, 지난 10여 년간 편집자로 일하며 만난 수많은 인연이 떠올랐기 때문이다. 그 인연들 중 저자의 꿈을 이룬 사람도 있었지만, 그렇지 못한 사람의 수가 훨씬 많아 공연히 미안한 마음이 들었던 탓이다. 돌이켜보면 누구의 탓이 아닌, 그저 때가 맞지 않았던 것뿐인데도 말이다.

그럼에도 스쳐 간 수많은 인연과 이 책을 읽어 내려간 사람들이 결코 저자의 꿈을 포기하지 않았으면 하는 바람이다. 기다림 속에서 버티다 마침내 싹을 틔운 그 씨앗의 힘을 기억하며, 각자에게 맞는 때가 찾아올 때까지 자신을 좀 더 믿어 주면 좋겠다. 그리고 그때, 자신만의 고유의 빛을 내며 피어날 수 있길 바란다.

나는 당신이 그 꽃을 피울 때 도움이 될 수 있는 한 방울의 빗물, 그 역할이면 족하다.

김효선

편 집 자 처 럼

# 책을 보고
# 책을 쓰다

**초판 2쇄 발행** 2020년 3월 25일

**지은이** 박보영, 김효선
**발행처** 예미
**발행인** 박진희

**출판등록** 2018년 5월 10일(제2018-000084호)

**주소** 경기도 고양시 일산서구 중앙로 1568 하성프라자 601호
**전화** 031)917-7279　　**팩스** 031)918-3088
**전자우편** yemmibooks@naver.com

ⓒ박보영·김효선, 2020

**ISBN** 979-11-89877-20-0　03190

이 도서의 국립중앙도서관 출판예정도서목록(CIP)은 서지정보유통지원시스템 홈페이지
(http://seoji.nl.go.kr)와 국가자료공동목록시스템(http://www.nl.go.kr/kolisnet)에서
이용하실 수 있습니다. (CIP제어번호 : CIP2020008397)